¡A votar se va leído!

Análisis gamberro de la actualidad política

F. Ronin

ISBN-13: 978-1519478269 (CreateSpace-Assigned)
ISBN-10: 1519478267

A ti, que me sustentas en cada miseria de esta sociedad.
A ti, que me aguantas en cada triste lunes.
A ti, que siempre me das fuerza,
sin pedir nada a cambio.

A todos vosotros,
que lucháis cada día para salir adelante.

Ilustración de portada: Cartel editado en Valencia por las *Milicias de la Cultura* durante la Guerra Civil Española (1936-1939).

ÍNDICE

CAPÍTULO 1

ZAPATERO TIENE LA CULPA

CRÓNICA DE LA SUBIDA AL PODER DEL GRAN LÍDER RAJOY

Crisis mundial del sistema capitalista. La culpa de todo es de ZP ¿O no?

No sé si a estas alturas os acordáis todavía de ZP. Era un señor del que se hablaba mucho en la televisión hace ya unos años. En realidad se llamaba Zapatero; bueno, se llama, pues aunque a muchos les pese sigue estando entre nosotros, vivito y coleando, y en ocasiones incluso reuniéndose con Pablo Iglesias. Quiero aclarar que no escribo este titular como mera banalidad, sino porque resulta que para una gran cantidad de personas –cifra englobada entre 10 y 40.000.000– es el gran causante de todos nuestros males. Sí, el hecho de que no puedas ir a tu tienda de electrónica más cercana a comprarte la *PS4*, es culpa de él. O que tu coche se asemeje demasiado a esos clásicos que conducen en la isla de Cuba. Incluso que esta noche tengas que cenar agua caliente con *Avecrem*, en el mejor de los casos. Como decían los Def Con Dos hace ya algunos años: "La culpa de todo, la tiene Zapatero"... ¿O era Yoko Ono?

El dato cultureta: El veterano grupo musical Def Con Dos ha sido recientemente acusado de apología del terrorismo, al igual que ya ha sucedido en otras ocasiones con otros grupos como Soziedad Alkoholika o Pablo Hasel, así como con el humorista Facu Díaz, de La Tuerka. Creo que es lícito señalar que la cultura y el arte deben ser irreverentes y servirse de herramientas como la ironía, la sátira, el humor, e incluso la provocación. Por tanto, asumir de forma literal una creación artística puede ser, además de estúpido, un error de graves consecuencias democráticas, como estamos viendo.

Bien, fuera como fuere, resulta que este señor lo tenía todo, éxito político, un país en creciente expansión económica, una ceja de gran movilidad, ¿carisma?... Pues depende, porque si lo comparamos con Rajoy, *el niño de la ceja* podría llegar a ser el nombre de un grupo de música pop. A pesar de ello, su derrota electoral fue incontestable. Y se debió básicamente a una causa de peso: *LA CRISIS*. Resulta que, sin saber muy bien cómo, se culpó a ZP de ser el creador de un complot económico internacional. ¿Cómo es esto posible?, ¿tiene un mero socialista —entiéndase del PSOE, nunca socialista en su definición clásica— el poder suficiente como para arruinarle la fiesta a tantos millones de personas alrededor del mundo? Permítanme que lo dude.

Aclaremos la memoria un poco. ¿Cómo surgió la crisis, dónde y por qué? Independientemente del detonante concreto que comenzara esta gran bola de nieve, para entender bien el contexto hay que viajar bastante atrás en el tiempo. Tras la Segunda Guerra Mundial, la política internacional se dividió en dos grandes bloques: el capitalismo y el comunismo. A causa de esta gran polarización política, el gran temor del mundo capitalista era la posibilidad real del contagio revolucionario, y esto llevó a que el mal llamado "viejo continente" implantara una serie de reformas sociales que mejorarían la calidad de vida de los trabajadores. Y es aquí cuando llegamos a un punto clave: la relación entre capital y trabajo, o lo que es lo mismo, la eterna LUCHA DE CLASES (lo pongo en mayúscula porque es un concepto clave para entender todo y también porque me da la gana).

Pero, ¿en qué consiste esa lucha de clases, y por qué nunca he oído hablar de ello en las noticias? Efectivamente, los medios de comunicación de masas jamás hablarán en estos términos porque sería abrir entre la población un debate que no interesa a sus dueños, ya que implicaría replantearse las bases del propio sistema que tanto rédito les ofrece. Por otra parte, han conseguido que vivamos en un mundo donde se nos dota de un falso bienestar que se sustenta en el desarrollo de una "clase media" –la cual realmente no existe, ya que se trata de un concepto acuñado por la burguesía en interés propio– con acceso a un alto nivel de consumo. Es un error corriente vincular unas altas capacidades de consumo –generalmente mediante endeudamiento– a la pertenencia de una clase trabajadora con poder económico, es decir, clase media, ya que el desarrollo humano no debe medirse en la cantidad de coches o televisiones que uno pueda comprar, sino en la obligación de cubrir las necesidades básicas de toda la población en cuanto a educación, sanidad, trabajo y derechos básicos. Por tanto, debemos decir que el primer error de todo esto es asociar inherentemente bienestar y consumo.

Esta sería la ecuación correcta:

$$Consumo \neq Bienestar$$

Siendo ≠ lo contrario a = (igual), es decir, que una cosa no conlleva a la otra.

Bien, una vez aclarado esto, hay que recalcar que la clase media no existe, son los padres, como Santa Claus o los Reyes Magos. Por contra, lo que sí existe es una clase que posee los medios de producción y otra clase que al estar desposeída de estos se ve en la obligación de vender su fuerza de trabajo "al mejor postor" para poder sobrevivir. Estos últimos son los trabajadores, es decir, el proletariado. Además cabe señalar que la clase burguesa dueña de los medios representa un porcentaje ridículo de la población mundial. Esto supone una descompensación que provoca que la riqueza esté acumulada en manos de unos pocos, llegando a datos tan absurdos y depravados como estos:

- Según un informe de Oxfam Intermón, España es el segundo país más desigual de Europa, justo detrás de Letonia. Además, se recalca que para el 2016 el 1% de la población mundial podría poseer la misma riqueza que el 99% restante.
   Sobra decir que en un mundo equitativo, el 1% de la población debería de tener el 1% de la riqueza; siempre suponiendo, claro, que busquemos vivir en un mundo así.

- En nuestro planeta hay actualmente 400 millones de niños sin acceso a agua potable.
   Incluso conociendo este escalofriante dato, en el "mundo civilizado" aún tenemos el valor de plantearnos la privatización de este bien indispensable para la vida.

- Se calcula que EE.UU. posee aproximadamente un 25% de la riqueza total del mundo, mientras que el continente africano solamente un 1%
   ¡Qué curioso!, coincide que África ha sido y todavía es, probablemente, el continente más expoliado por los países ricos a lo largo de la historia (con el permiso de Latinoamérica, el otro gran perjudicado).

Por tanto nos encontramos, objetivamente, ante un problema de un desastroso reparto de la riqueza. Otro tema es que esto se quiera admitir, o en última instancia solucionar, por parte de las grandes potencias políticas y económicas. Yo empezaría a sospechar que no están mucho por la labor. Y como estos datos han dejado más o menos claro que existe un pequeño grupo de personas que tiene mucho mientras la mayoría de la población tiene más bien poco, vamos a dar un pasito más. Estábamos explicando qué es la lucha de clases. Pues bien, no es más que esto. El problema llega ahora, junto a la crisis, cuando esa falsa idea del bienestar de la clase media se ha esfumado. Pero pongamos un ejemplo para verlo con mayor claridad:

> Supongamos que somos una persona acomodada, con un buen puesto de trabajo, familia, un veloz coche y una casa amplia. La vida nos sonríe, pero de repente llega la crisis. Nosotros seguimos confiados, porque somos clase media-alta y eso solo afecta a la gente pobre. Pero de repente a la empresa donde trabajamos le empieza a ir mal, y nuestro querido presidente del Gobierno aprueba una ley que facilita el despido, incluso llevando muchos años en la empresa. Sin comerlo ni beberlo nos encontramos sin trabajo y con muchas facturas que pagar. Al cabo de un tiempo el banco nos quita la casa, porque la hipoteca no se paga sola, y finalmente terminamos

viviendo, en el mejor de los casos, en casa de algún familiar y pidiendo comida a alguna ONG. ¿Cómo ha podido pasar esto? Si lo teníamos todo, si formábamos parte de la élite de la clase acomodada...

Muy sencillo. Como ya hemos señalado, la clase media no existe, pertenecemos a una única clase, la trabajadora, por un motivo muy simple: no disponemos de ningún medio por el que podamos garantizar nuestra propia subsistencia. Esto son los medios de producción que están en manos de unos pocos, y por tanto dependemos de que ellos quieran comprar nuestra fuerza de trabajo al precio que consideren oportuno. En cuanto no nos necesiten, seremos despedidos sin importarles que ese trabajo suponga nuestra única fuente de sustento —y la de nuestras familias—, e independientemente de nuestro nivel de vida.

Esto implica que no somos seres libres para poder dirigir nuestras vidas hacia donde nuestras inquietudes nos guíen. Somos dependientes de que otros nos quieran contratar o no, y por tanto estamos en sus manos. Como asegura uno de los intelectuales más reconocidos a nivel internacional, Noam Chomsky, "la esencia de la naturaleza humana es la libertad de la persona, y su conciencia de esa libertad". Esta afirmación la realiza en base a las palabras de Rousseau, el cual ya en el siglo XVIII afirmaba: "La naturaleza ordena a todos los animales irracionales y ellos obedecen. El hombre experimenta la misma sensación, pero se siente libre para consentir o resistirse; y en la conciencia de esa libertad es donde se muestra, sobre todo, la espiritualidad de su alma". Es decir, el hombre nace libre, porque está en su naturaleza racional cuestionarse el mundo, y por tanto decidir sobre todo lo que respecta a su vida. Este poder de decisión es fundamental para ejercer esa ansiada libertad. Pero vivimos condicionados por unas reglas de juego que ha establecido el sistema capitalista. Por ejemplo, nos ofrecen un puesto de trabajo denigrante, y como seres libres deberíamos poder elegir cogerlo o no. Pero esto en la práctica no es así, ya que todo nuestro contexto nos remarca la necesidad vital de aceptarlo aunque no queramos. Es un hecho de mera supervivencia: o lo aceptas, o no comes. Por consecuencia, en el momento en el que vivimos en un sistema de sometimiento del hombre sobre el hombre, donde no tenemos esa capacidad de decisión para marcar el destino de nuestras vidas, no somos hombres libres. Y mientras los medios de producción y la riqueza esté en manos de unos pocos, la libertad será algo que nos venden las grandes multinacionales por Navidad; un producto más, irreal.

Pero dejemos por un momento de filosofar. ¿Cuándo empezó realmente el giro de un sistema capitalista garantista mediante el conocido como *Estado del Bienestar*, a esto que tenemos ahora? Pues volviendo a la historia, podríamos decir que el contraataque del capital empezó aproximadamente con la era Margaret Thatcher –sí, la *dama de hierro*, o como me gusta denominarla a mí, *la señora de la permanente de hierro*– en 1979. A Ronald Reagan lo omitiré porque no me apetece ahora hablar de americanos. Bien, pues para hacernos una rápida idea de lo que esta señora mayor representa, vamos a ver algunas de sus bonitas frases que ya han quedado para la posteridad:

Sobre las mujeres:

"En cuanto se concede a la mujer la igualdad con el hombre, se vuelve superior a él".

Sobre pobres y ricos:

"En un sistema de libre comercio y de libre mercado, los países pobres –y la gente pobre– no son pobres porque otros sean ricos. Si los otros fuesen menos ricos, los pobres serían, con toda probabilidad, todavía más pobres".

Sobre las armas nucleares:

"Un mundo sin armas nucleares sería menos estable y más peligroso para todos nosotros".

Sobre el socialismo (estaba obsesionada con él):

"El socialismo fracasa cuando se les acaba el dinero... de los demás".

Sobre su gran amor, el neoliberalismo:

"No puede haber libertad si no hay libertad económica".

Sobre..., espera, ¿ser iguales es malo?

"Si tu única oportunidad es ser igual, entonces no es oportunidad".

Sobre su testarudez y prejuicios:

"Usualmente me puedo hacer idea de un hombre en diez segundos, y muy rara vez cambio de opinión".

Bien, considero que con esta linda selección de frases podemos hacer el mismo ejercicio que hacía ella: en diez segundos la hemos retratado, y difícilmente cambiaremos nuestra opinión sobre ella. Son frases rotundas, duras, provocadoras, pero con un trasfondo ideológico muy fuerte. Sí, porque esta señora inició una nueva era de retroceso social para los trabajadores. Ella decía que la sociedad como tal no existía, sino los individuos. Defendía el derecho de una persona a enriquecerse sobre otra. Y, de nuevo según este oráculo, quien no quiere trabajar no tiene derecho a comer. Quiero permitirme la licencia de dirigirle unas palabras a esta señora, aunque lamentablemente ya no me pueda leer: Yo no quiero trabajar para una empresa que me paga 500€ por una jornada de ocho horas y que obtiene a mi costa unos beneficios desmesurados, parte de los cuales en muchas ocasiones van a parar a algún paraíso fiscal. No, no quiero trabajar así, para enriquecer a una multinacional y empobrecerme yo. Quiero ser libre, y trabajar, por supuesto, pero de una forma digna y justa.

Volvamos de nuevo a la historia que tanto nos enseña. Con el paso de los años, las rentas del trabajo fueron disminuyendo, es decir, la capacidad adquisitiva de la población: nuestros sueldos no aumentaban en relación paritaria a la subida del IPC (Índice de Precios de Consumo). Pero eso fue solucionado mediante el endeudamiento de las familias. Los grandes capitalistas pensaron: "si disminuyen sus salarios, y mantenemos la demanda haciendo que la gente se endeude con los bancos, ganamos doblemente". Y así fue. El crédito fluyó barato, y la población no fue consciente de la pérdida gradual de su capacidad adquisitiva. Nos fuimos empobreciendo mientras otros se enriquecían. Todo este engranaje facilitó, unido a una mayor acumulación de capitales por parte de los grandes empresarios, la especulación y corrupción en diferentes sectores, como en España fue el de la construcción. Y boom, explotó la burbuja. Ahora resulta que hemos vivido por encima de nuestras posibilidades, porque parece que nos quieren meter en la cabeza que los ciudadanos somos seres malvados que hemos engañado a los bancos para que nos den mucho crédito y barato durante muchos años. Esta sería la ecuación que explica todo este proceso:

Ecuación de la crisis =

Personas malvadas + Bancos salvadores =

Personas merecen pasar hambre + Bancos merecen rescate =

Empresarios contentos =

Rajoy contento =

Merkel contenta =

Victoria de "Los Mercados".

Pero repongámonos y volvamos por un momento al principio, cuando os hablaba de un detonante de la crisis. Quizá esta palabra pierda significado tras todo el contexto ya analizado, pues, si bien marca un inicio temporal de la caída, no supone una causa clave por sí misma, ya que el problema es estructural, y no puntual. Estoy hablando del colapso del banco norteamericano *Lehman Brothers*. Probablemente os sonará de haberlo escuchado en las noticias. Al principio se hablaba de debilidad en los EE.UU., que era una crisis americana, que el euro se podría aprovechar, etc. Ese es el nivel de los analistas que tenemos. Por tanto, aquí comenzarían todas las mentiras que nos han ido contando durante estos últimos años. Y como el resto ya lo conocéis, no veo necesario entrar en los mecanismos económicos técnicos que nos han llevado hasta el momento actual, más que nada porque sería aburrido y baladí para llegar a las dos conclusiones que acaban de aterrizar en mi mente:

La culpa de todo no la tiene Zapatero y...

¡EL CAPITALISMO GENERA INELUDIBLEMENTE DESIGUALDAD!

Zapatero se desmelena

Como he dicho anteriormente, la culpa de todo no la tiene Zapatero, pero claro que hizo méritos para que le *botasen* de su cargo. Es más que evidente que no supo reaccionar debidamente ante la crisis, y lo que es peor, no en la manera que se espera de un partido que se hace llamar socialista. No creo que a día de hoy queden muchos "Zapateristas" –no confundir con Zapatista, concepto totalmente antagónico–. A nivel personal, el PSOE me produce casi la misma repugnancia política (¿se puede decir repugnancia en un libro?) que el PP de Rajoy —o que el de Aznar—. Después expondré mis motivos para ello, no es algo gratuito. Primero quiero comenzar por las pocas cosas positivas que vi en su mandato, sin extenderme demasiado, y que veo de justicia señalar (no sea que me vayan a tachar de radical):

- Aborto: En 2010 se aprueba una Ley del aborto de plazos, sustituyendo a la anterior de supuestos. Ya tocaba equipararse a la mayoría de países europeos en esta materia.

- Matrimonios homosexuales: Por fin se legaliza la unión matrimonial entre parejas homosexuales. Otro gran paso para un colectivo históricamente oprimido.

- Cheque bebé: Prestación de 2.500€ que se dio a las familias por hijo nacido entre 2007 y finales de 2010.

Y hasta aquí puedo leer. Poco más, quizá alguna que otra ayuda social, pero por otra parte totalmente insuficientes. No obstante no son medidas que debieran sorprendernos, ya que estamos hablando de un gobierno "socialista" —si nos sorprenden, como es el caso, malo—.

Podemos concluir, por tanto, que sí se tomaron algunas medidas de carácter social cuando todo iba bien. Eran buenos tiempos, Zapatero se levantaba en la Moncloa y se asomaba al balcón a saludar al nuevo día mientras los pajaritos silbaban y los criados bailaban claqué y cantaban al más puro estilo musical de broodway. Su ceja molaba y sus influencias le llevaban a reunirse con el gran dueño del mundo –que en realidad no lo es tanto– y premio Nobel de la paz –sin méritos algunos–, Barack Obama. Pero ahora veamos la otra cara de la moneda. ¿Qué hizo tan mal el PSOE de Zapatero para perder unas elecciones por mayoría absoluta contra Rajoy, un hombre que ya llevaba dos derrotas a sus espaldas y que era poco menos que un cadáver político?

Primera etapa de la crisis con ZP: *Negación*.

Los primeros meses en los que tuvimos que convivir con la crisis fueron algo extraños debido a una inquietante manía de nuestros gobernantes, en este caso de Zapatero. Cual exótico avestruz, decidió seguir la misma estrategia que el animal y meter la cabeza bajo tierra. La máxima es bien sencilla: Si no afrontas el problema, este no existe, y pasará de largo –algo que Rajoy ha decidido heredar de su predecesor–. Igual piensan que adoramos a los avestruces. Todo valía con tal de no pronunciar la palabra crisis, y para ello utilizaron todo tipo de eufemismos absurdos como "frenazo", "desaceleración", "estancamiento", "deterioro del contexto económico", "condiciones adversas" y todo lo que se os pueda ocurrir hasta el infinito y más allá. Esa actitud infantil, típica de los niños cuando hacen alguna gamberrada y tratan de ocultarla por todos los medios, es la que tuvo nuestro máximo representante. ¡Bravo ZP!

Incluso con ello, este señor ha dejado en la actualidad declaraciones en las que justifica aquello de forma un tanto indecente: "Fue un error negar la crisis, pero no hubo engaño". Que sepáis que, en la vida, en general, la palabra "pero" anula sistemáticamente todo lo dicho con anterioridad. En este caso Zapatero pierde toda la autocrítica que tratara de mostrar. Sí, reconoce que fue un error; de no hacerlo nos quedaría más claro que nos gobernaba un ciego testarudo (con todos mis respetos a los ciegos, no tanto a los testarudos). "Peeeeeeero –como dice ZP– no hubo engaño". En periodismo, una de las cosas más básicas que se enseñan al entrar en la facultad es que una información se puede manipular de muchas maneras, no únicamente diciendo una mentira de forma más o menos maliciosa. Un ejemplo podría ser omitir una parte de la información para ofrecer una visión sesgada sobre un acontecimiento. En este caso no estaríamos mintiendo propiamente, ya que toda la información dada es veraz, pero al sesgarla estamos distorsionando la realidad de forma voluntaria con un propósito interesado, electoral en este caso. Esto, por tanto, es un engaño igual que la propia mentira.

1, 2, 3, responda otra vez. Por 15 pesetas, cosas que un presidente del Gobierno no puede hacer:

-Engañar.
-Mentir.
-Ocultar.
-Distorsionar la realidad.
-Callar.
-Utilizar eufemismos.
-Salir en un plasma (esto es más de Rajoy)..
-Mirar con ojitos de cordero degollado.
-Rescatar bancos.
-Rescatar gatitos de un árbol (¿o eso sí?).
-Etc...

La conclusión lógica es que sí, Zapatero nos engañó, porque trató de darnos una visión irreal y distorsionada de lo que se nos venía encima, y lo hizo conscientemente. Únicamente por eso ya mereció perder las elecciones de aquella manera tan humillante, aunque muy a mi pesar eso implicara que se las llevara el Partido Popular, y el que probablemente pasará a la historia como su peor dirigente, Mariano Rajoy.

Segunda etapa de la crisis con ZP: *Poner el culo.*

¿Os suena feo lo de poner el culo? Un poco sí, ¿verdad? Pero entonces, ¿por qué lo seguimos poniendo? Es uno de esos misterios de difícil respuesta. El ser humano es por naturaleza contradictorio, nuestra propia esencia convierte nuestra vida en un sinfín de decisiones que hay que tomar ignorando muchas veces las consecuencias que ello implica. Aplicando esto a la política nacional sería algo así:

A) ¿Dejamos que nuestros sabios líderes de toda la vida nos saquen de este pozo económico en el que nos hemos metido, ya que son las únicas personas capacitadas para ello, y seguimos con nuestra querida estabilidad y miedo al cambio?

B) ¿Les damos una patada a todos esos hijos de la transición por meternos en el pozo económico en el que estamos, ya que la mayoría son una panda de ladrones inútiles, y vivimos la aventura de crear algo nuevo y mejor sin miedo alguno al cambio?

C) ¿Votamos a UPyD o a Ciudadanos? Mmm, no, mejor no. (La pobre Rosa Díez se machaca cada noche pensando en por qué no aceptó confluir con Ciudadanos).

(Soluciones al final del libro).

Igual pensáis que no es para tanto, que soy un exagerado. Para entender mejor la subida al poder de nuestro "oh, gran líder supremo, manantial de sabiduría, oráculo de los desfavorecidos", Mariano Rajoy, veamos en qué consistieron las medidas anticrisis de Zapatero:

- *Congelación de las pensiones:* En este caso hay que señalar que se libraron las no contributivas y las pensiones mínimas. Evidentemente me parece razonable que este tipo de pensiones, las de menor cuantía, se protejan. Aun así, un socialista no puede permitirse el lujo neoliberal de bajar las pensiones de buenas a primeras. Deberían de existir mil y un mecanismos económicos que mover, antes de echar mano del dinero de nuestros mayores, que se han ganado a pulso trabajando a lo largo de toda una vida.

- *Bajada del sueldo de los funcionarios:* Resulta que este socialista ha sido el primer presidente en la historia de España en bajar el sueldo a los funcionarios. ¡Un socialista! ¿Qué locura es esta? Se supone que eso es tarea de los neoliberales conservadores que sufren de urticaria cada vez que se habla de sueldos públicos. ¡Bien ZP!

- *Fin del conocido como "cheque bebé":* Se trataba de una ayuda que se daba a los padres de 2.500€ para fomentar la natalidad, dado el fuerte gasto que supone traer a una criatura al mundo. Bienaventuradas las madres que disfrutaron de él, porque duró bien poco en vigor, del 2007 al 2010. A día de hoy, si queréis tener un bebé, id echando la bonoloto.

- *Reforma laboral:* Este puede que sea posiblemente el sumun de la chapucería y la venta de unos supuestos ideales socialistas al gran capital. Esta reforma laboral se realiza con la única intención de contentar a los mercados y a las grandes empresas, a las políticas neoliberales más agresivas y que van a conseguir, por fin, un paso de gigante para revertir el "pacto" existente entre mundo capital y mundo trabajo. ¿Por qué digo esto? Veamos las medidas de la reforma. Una empresa podrá despedir por motivos económicos con 20 días de indemnización. Alguien podría pensar que es una propuesta coherente. El caso es que no se trata de una medida para casos en los que una empresa está perdiendo dinero, sino que se podrá llevar a cabo incluso cuando se prevé una pérdida, o simplemente, una disminución del beneficio (lo cual no implica necesariamente que le vaya mal a la empresa). Podemos poner el ejemplo de la Coca-Cola: ¿Hay algún ingenuo que de verdad piense que a esta multinacional de bebidas le van mal los negocios? ¿Entonces por qué hacen EREs y cierran fábricas? Muy sencillo. Aprovechan las reformas laborales que les facilitan este tipo de maniobras para así maximizar beneficios. Es decir, si para que la empresa tenga más capital y sus directivos sueldos mayores hay que dejar a familias en la calle, pues oye, no son una ONG, ¿verdad? Luego compensan esa posible mala imagen inundándonos de publicidad, ya sea la noche de fin de año, o tapando la portada de todos los diarios españoles al día siguiente de que el Tribunal Supremo declare nulo el ERE de Coca-Cola. Para eso sí hay dinero. Mientras escribo estas líneas hay un spot en televisión donde dicha empresa se las da de dedicar grandes fondos a proyectos sociales. ¿Solidaridad o marketing? Todos sabemos que además de ofrecer buena publicidad, este tipo de actuaciones filantrópicas proporcionan desgravaciones fiscales a las empresas. Si realmente quieren ser solidarios que no despidan a sus trabajadores y que les ofrezcan sueldos dignos.

Pero la reforma laboral tiene más medidas. Se rebaja a la mitad el absentismo permitido para poder realizar un despido objetivo. Anteriormente se encontraba en el 5%, pasando al 2'5%, lo que facilita aún más el despido sin remuneración. Se fomenta la disminución de la jornada laboral como teórica medida contra el despido, es decir, en lugar de tirarte a la calle, harás la mitad de horas y, lógicamente, ganarás la mitad. Se acepta la posibilidad de que la empresa no cumpla ciertas cláusulas del convenio colectivo y se bonificará a las empresas que hagan esfuerzos por contratar a las personas más desfavorecidas.

- *Subida de impuestos:* Se trata de un punto clave pero controvertido. El Gobierno de Zapatero tomó la medida de subir los impuestos, empezando por el IVA, el cual acusó un aumento del 16% al 18% en el tipo general, y del 7% al 8% en el tipo reducido. No obstante también subió el impuesto a las rentas más altas, el impuesto sobre el capital o los impuestos especiales, como el tabaco y la gasolina.

Analicemos este ultimo punto en detalle. Normalmente contemplamos la subida de impuestos como algo negativo, y prueba de ello es que todos los partidos políticos se jactan en sus programas electorales de que en cuanto lleguen al poder los bajaran. Esto que a simple vista nos parece a todos tan guay y tan de sentido común, esconde un trasfondo ideológico en el que el neoliberalismo ya ha ganado la batalla. Y me explico. Imagino que a todos —o al menos a una mayoría— nos gustaría vivir en una sociedad garantista, con derechos y servicios sociales, donde el llamado Estado del bienestar sea algo palpable y no un mero concepto. Esto supondría tener hospitales de calidad que nos curen las enfermedades, colegios, institutos y universidades suficientes y con los medios adecuados para garantizar una educación de calidad, una serie de prestaciones sociales que cubran a las personas más desfavorecidas, etc. Pues todo esto hay que pagarlo, y eso se hace mediante impuestos. Por tanto, el debate no es si bajar o subir los impuesto, sino a quién hay que subírselos y a quién bajárselos. Debe entrarnos en la cabeza que, ser de izquierdas, es decir, fomentar el desarrollo de servicios públicos, es también pagar impuestos, siempre que hablemos de una sociedad bajo el paraguas de un Estado, ya que existen otros modelos que ahora no abordaré. Es por algo los países que más impuestos pagan, y sobretodo que mejor los redistribuyen, son los de mayor bienestar social. En España no somos conscientes de esto porque estamos rodeados de una clase política que se ha adueñado de lo público con fines lucrativos. Llegados a este punto, el concepto es el siguiente:

Dramatización de cómo debería de ser una charla distendida entre Gobierno y sociedad.

Gobierno	¿Perdone señor, ha dicho que quiere que le suba los impuestos?
Sociedad	Sí, por favor, pero encárguese de que se le suba especialmente a los ricos para poder redistribuir la riqueza.
Gobierno	Como usted guste, soberano.
Sociedad	Y otra cosita más, como mis impuestos no vayan destinados a su fin último, usted deberá responder ante el pueblo.

¿Son correctas las medidas que tomó ZP? Cada cual saque sus propias conclusiones. En cuanto a este último punto, el de los impuestos, cabe señalar que si empezamos por la subida del IVA, evidentemente no, ya que se trata de un impuesto que pagamos todos los ciudadanos por igual, independientemente de si somos niños, adultos, ancianos, grandes empresarios o personas sin techo. Si el IVA es en sí mismo un impuesto injusto por definición, en el sentido en el que no se tiene en cuenta la situación económica de la persona que lo paga, más lo es cuanto más lo subimos. En cuanto a la subida de impuestos de las rentas más altas y sobre el capital, todo bien. Pero hay que hablar de otro impuesto que no hemos comentado y que el señor Zapatero tuvo el valor de anular en 2008: el impuesto sobre el de patrimonio. No voy a insistir en lo evidente, ya que sobra decir que esta supresión beneficia especialmente a quienes tengan numerosas y valiosas posesiones.

Tras todo esto cabe recordar, por supuesto, que Zapatero fue el primero en llevar a cabo el rescate al sector bancario. Un gobierno socialista que permite que los beneficios sean privados, pero cuando todo va mal, socializa las pérdidas entre todos los ciudadanos. Otro aplauso para ZP. Ya hay demasiados argumentos pesados para que cualquier persona con un mínimo de análisis crítico pueda valorar correctamente la disidencia ideológica del PSOE. Ya no es el partido de los trabajadores –dejó de serlo hace muchos años–, sino que se dedica a formar parte del juego capitalista en el que los dados se tiran, en gran medida, desde Alemania y EE.UU.

Evidentemente todo esto le supuso a ZP un desgaste político sin precedentes. Pasó de ser el progre por excelencia, el abanderado del talante, a un ser repudiado socialmente que ante una situación de crisis se dedicó a seguir la corriente neoliberal que marcaba la supuesta salida del hoyo; nada más lejos de la realidad. En cualquier caso, sea como fuere, un socialista jamás debería de tomar el tipo de decisiones que Zapatero asumió como propias.

Zapatero, PSOE, Pedro Sánchez,

QUITAD LA ESE Y LA O DE VUESTRAS SIGLAS.

Y en eso llegó Rajoy, y tras haber jodido, se acabó lo prometido

¡Señoras y señores!, ¡acérquense, pues va a comenzar el gran espectáculo por el que han pagado su entrada! —en este caso comprado el libro—. ¡Jamás han visto algo semejante, ni el domador de fieras, ni el hombre elefante, ni el payaso gruñón, ni la increíble amazona!; ¡algo que se escapa de toda comprensión, de toda lógica…, jamás tendrán una oportunidad así! Ahora, van a ser testigos, querido público, ni más ni menos, que del auge al poder de…, un momento,

¡¿Mariano Rajoy?! ¿WTF (*what the fuck*)? Sí, aunque no lo creáis, ocurrió. Y no fue en otros multiversos paralelos, sino en este. Tras perder dos procesos electorales y ser considerado un cadáver político incluso por parte de su partido, lo consiguió, ya fuera por desgaste del contrincante, ya fuera por cansino, ya fuera por la niña de Rajoy o por las chuches, ya fuera por pura estadística bipartidista. Simplemente le tocaba al PP, hubiera quien hubiera. Pero eso sí, este señor nos dio a todos una lección de perseverancia persiguiendo su gran sueño americano, y a base de prometernos la luna se puso a los mandos de la nave nodriza (¿o la nodriza era la de Merkel?). La citada niña de Rajoy ya calló en el olvido, pero ahora esa chica ha crecido y acude a las manifestaciones a favor del derecho al aborto de las mujeres. Por eso Rajoy aparece siempre en televisión languidecido y con cara de preocupación. Ya no te digo Gallardón.

El PP fue, en su última etapa en la oposición, al igual que su secretario general, un ente obsceno, errático, POPULISTA (disculpen las mayúsculas, pero me lo pedía el cuerpo) y mentiroso. Pocas veces en la historia de la democracia se ha prometido tanto para después hacer tan poco tras llegar al poder. Quizá cuando ganó las elecciones un tal Franco..., bueno, aunque ese tampoco es que prometiera demasiado, pese a converger con parte del ideario actual del PP. Pero ya no es únicamente que no cumplan con lo que prometieron, sino que se han empeñado en hacer todo lo contrario, como por ejemplo subir los impuestos, así, a lo loco. Y lo curioso del caso es que se trata de algo muy sencillo de comprobar, aunque a veces parezca que nos falla la memoria y olvidemos este tipo de triquiñuelas políticas. Solo hay que tirar de hemeroteca:

Extracto de entrevista a Mariano Rajoy en El País, antes de llegar al poder:

Periodista: Pero para señalar una diferencia, usted sí que se ha comprometido a que no va a hacer lo que no lleva en su programa electoral.

Rajoy: Yo no voy a hacer lo que no lleve en mi programa electoral.

P: No va a introducir el copago en Sanidad.

R: No voy a introducir el copago en Sanidad.

P: Y no va a subir los impuestos.

R: Yo no voy a subir los impuestos, no.

Tras una larga e inacabable legislatura de este señor, a uno todavía le hierve la sangre tras leer entrevistas como esta, en la que prometía de forma desvergonzada lo que no podría cumplir. Lo mismo que ahora echa en cara a partidos como Podemos. Pero sigamos viendo algunas de las promesas incumplidas de Rajoy:

-   *"Yo no voy a subir los impuestos, no"*: Definitivamente, este hombre es un cachondo. Tras asegurar por activa y pasiva que no subiría los impuestos, y conociendo claramente la situación de crisis por la que ya pasaba España, lo primero que hizo es subir impuestos como el IVA –que recordemos, lo pagamos todos los ciudadanos por igual– desde el 18% al 21% el de tipo general –¿recordáis cuando "solo" pagábamos el 16%?, ¡qué tiempos!–, y del 8% al 10% el de tipo reducido. A esto debemos añadir subidas en el IRPF, el IBI, tasas universitarias, y un largo etcétera.

-   *"No voy a tocar las pensiones"*: Ya sabemos cómo va el truco de las pensiones para que parezca que no las reducen. El gobierno las sube anualmente un 1% o 2%, mientras el IPC –es decir, el coste de la vida– crece en un 3% ¿Qué sucede entonces? Pues que el señor Rajoy puede afirmar que ha subido las pensiones, mientras a su vez nuestro mayores van perdiendo poder adquisitivo, es decir, los jubilados se van empobreciendo ¡Tachán! Aquello de las triquiñuelas.

- Tampoco tocaría Sanidad y Educación, y en fin, privatizaciones, despidos, cierres, jubilaciones anticipadas, copago, disminución de becas en todos los ámbitos, reformas elitistas en la educación (3+2)... Cualquier cosa que puedas –y que no puedas– imaginar.

- *"No voy a introducir el copago en Sanidad"*: Este es un tema que confirma que estamos en manos de gobernantes pandereta. Primero los jubilados pasaron de no pagar nada por sus medicamentos a tener que abonar un 10% de los mismos, pero no contentos con ello, se trató de introducir el conocido como "euro por receta", que mucha gente se negó a pagar. Otra muestra del desastre administrativo que supone este tema es que las mismas administraciones públicas estuvieron devolviendo a los ciudadanos parte de este copago. Simplemente lamentable.

- Objetivo: *"luchar contra la corrupción"*: Bueno, bueno, bueno, ¿para qué hablar sobre esto, cuando el PP es el partido con más corrupción por metro cuadrado?, ¿os suena Bárcenas, Castedo, Rus, Enrique Ortiz, Gürtel, RODRIGO RATO, un largo etcétera y los que quedan por caer?

- Independencia judicial: Tras las risas que me acabo de echar, solo necesito citar un ejemplo: ¿por qué el fiscal del estado tiene que defender la inocencia de la infanta?, ¿es que no tiene dinero para abogados? Recordemos que el fiscal del estado es un funcionario pagado por todos los ciudadanos. ¿Si yo robo un carro de la compra va a venir él a defenderme? ¿Somos todos iguales ante la ley? Evidentemente no. ¿Cuántos aforados hay en España?

- Contra el aborto: Otro sinsentido de nivel +100. Tras prometer que acabarían con el libertinaje del asesinato de millones de niños inocentes "concebidos no nacidos", echaron marcha atrás al proyecto –de lo cual, evidentemente, me alegro– y nuestro querido Gallardón, el gran baluarte de la rama "progresista" del PP, tuvo que dimitir con el rabo entre las piernas.

- *"El PP no pretende abaratar el despido"*: Cuando leo este tipo de cosas ya no me da ni la risa, sino que se me hincha la vena macarra del cuello. Ahora resultará que la reforma laboral que abarata el despido para favorecer a la patronal la habré soñado. ¿Recordáis aquello de la guerra de clases? Pues es esto, y van ganando por goleada.

- Y tantas y tantas medidas más que han ido incumpliendo sistemáticamente y que ni me apetece seguir enumerando, básicamente por ser una lista excesivamente larga y dañina para la salud mental, como podría ser la promesa de no bajarle el sueldo a los funcionarios.

Posiblemente todos recordéis aquella foto que dio la vuelta al mundo —bueno, quizá no tanto, pero a España sí— en la que aparecía un jovenzuelo Mariano Rajoy, rozando por entonces las mieles del poder supremo, en las puertas de una oficina del Inem. Por supuesto, a unos cuantos metros de distancia de la cola de parados, con esa expresividad de preocupación tan suya, con esa mirada traviesa, perdida, oteando sus pensamientos más filosóficos, demostrando que él también era un indignado, casi insinuando su hermandad con esas personas que se encontraban en ese momento haciendo cola para encontrar un trabajo. Ese día Mariano se sintió un héroe, casi un revolucionario. Se vio como futuro presidente; se sintió pueblo. Ese día quedó marcado en el calendario y en la retina de millones de españoles, y Mariano decidió que cuando llegase al poder nos libraría de las cadenas opresoras para neoliberalizarnos a todos y sacarnos del sucio socialismo que nos estaba oprimiendo y llevando al caos, a la incivilización y al desempleo. Hoy todavía hay una tasa de paro superior al 20%, y el empleo que dicen estar creando es precario, temporal y, generalmente, a media jornada. Es decir, no se está creando empleo, se está destruyendo trabajo digno para crear esclavos y poder maquillar las cifras del paro.

Tras este irónico análisis resulta más que evidente que nos encontramos en una democracia carente de, precisamente, aquello que la define como tal. La teoría es muy sencilla: la gente vota a un partido político en base a su programa electoral. Dicho partido gana, pero resulta que hace todo lo contrario a lo prometido. La consecuencia es que no se está cumpliendo la voluntad del pueblo, es decir, se rompen las reglas democráticas, el pacto implícito entre votante y votado, y la conclusión directa es que la soberanía queda secuestrada por parte de unas élites que se creen por encima del bien y del mal, garantes de una democracia desfigurada; irreconocible. Y por si fuera poco, no es una práctica patrimonio de un único partido. La manzana del PP está podrida, pero no es la única:

¿Quién da más, socialistas o populares? Tranquilos, que

YA LLEGA EL RECAMBIO.

CAPÍTULO 2

LA SANIDAD PÚBLICA

NOS HEMOS CURADO POR ENCIMA DE NUESTRAS POSIBILIDADES

Inmigrantes *go home*

Inmigrantes, qué feo suena, ¿verdad? Embrutecemos el lenguaje de tal manera que ciertas palabras parecen despectivas, e incluso denigrantes. Inmigración, ese gran "problema" que siempre ronda el discurso político, sin importar si es PP o PSOE quien gobierne. Es un tema prioritario, como lo pudo ser en su día la ETA, y no solo para España, sino para toda la Unión Europea. Además, si se trata correctamente, también da votos. Somos la frontera sur, la barrera que frena a árabes y africanos. Pero no hay que preocuparse en exceso por ello ya que estamos sobradamente capacitados al disponer de una policía profesional militarizada a la altura de las circunstancias, que no cuestiona órdenes ni moralidad, que no se plantea el motivo de sus actos, ni sus consecuencias. Me refiero por supuesto a nuestra gloriosa Guardia Civil.

No es necesario especificar, aunque tampoco viene mal recordar, las miserias que sufren muchos africanos para lograr llegar junto a las fronteras de Europa: años de viaje en condiciones pésimas, pérdida de los ahorros de toda una vida, trato con organizaciones mafiosas, hambre, detenciones por parte de cuerpos policiales de moralidad dudosa, torturas..., son sólo algunos ejemplos.

¿Pero qué ocurre si juntamos inmigrantes y sanidad? Uy, suena todavía más feo si cabe. Existen ciertos sectores a los que no les hace mucha gracia que unos "sin papeles" vengan a quitarnos la sanidad pública, nuestros trabajos y nuestras mujeres. Es algo que siempre se ha dicho desde la más absoluta de las ignorancias y la xenofobia. De hecho, si la Seguridad Social funciona tan mal es porque ellos la colapsan con sus enfermedades insignificantes tercermundistas, ¿verdad? Seguro que tras saltar la valla y hacerse girones la piel y la carne con nuestras concertinas – cuchillas puestas ahí a mala fe, por mucho que digan que son disuasorias–, pretenderán además que les curemos con nuestros impuestos.

Todos aquellos que frivolicéis con las desgracias ajenas de esta manera, desde vuestros blanditos sofás, con una súper tele de plasma y la calefacción a 30 grados en invierno, simplemente debéis saber que existe una declaración universal de los derechos humanos, y que respetarlos es algo básico en una sociedad civilizada –siempre y cuando pretendamos pertenecer a ese selecto club–. Quizá acoger a esta gente y curarla suponga un diminuto coste económico – totalmente insignificante si lo comparamos con el PIB del país–. Haceros una pregunta: ¿si encontráis a una persona en la calle muriéndose, le pediríais el DNI antes de llevarla a un hospital? Es de suponer que no.

Pero nuestros gobernantes son algo más sutiles, desde luego. Comienzan criminalizando a aquellos que tratan de salir de la miseria, el hambre, o la guerra –muchas veces creada por occidente– en sus propios países. Nos colocan el discurso de que vienen a delinquir, a robar, a trapichear y a colapsar nuestro Estado de bienestar. Cuando ya nos tienen a todos más o menos convencidos, colocan dos o tres vallas en la frontera –aunque a decir verdad ya estaban ahí–, lo suficientemente altas como para romperte la crisma si te caes, y como guinda del pastel se instalan las ya famosas concertinas, unas cuchillas que cortan como demonios. Nos dicen que se trata de elementos puramente disuasorios. Todavía no conozco un solo caso de un inmigrante que, tras hacer durante años miles de kilómetros en condiciones lamentables, llegue a la frontera y diga: "Hostia, han puesto concertinas, ante esto no hay nada que hacer, me vuelvo a mi país". Evidentemente esto es ciencia ficción, pero nos quieren vender que se trata de un elemento fundamental para disuadir a los inmigrantes. Por tanto, podemos afirmar que la idea de nuestros políticos es más bien la siguiente: "Saltarán, sí, pero van a bajar sin ganas de volver a probar". Es lo que se conoce como disuasión para la segunda intentona. Se trata, por tanto, de una medida represiva más, como tantas otras de las que dispone un estado "moderno": policía, CIEs (Centros de Internamiento de Extranjeros), exclusión, etc. Pero uno de los elementos clave es, como ya hemos señalado anteriormente, la Guardia Civil. Analicémoslo más a fondo.

El honor es mi divisa, es el lema de la Guardia Civil. Cuando un inmigrante pisa suelo español, por el simple hecho de hacerlo, ya tiene reconocidos una serie de derechos, como puede ser la ayuda humanitaria, o no ser devuelto a su país de forma instantánea. Y es en este momento cuando llegamos a las conocidas como "devoluciones en caliente", que no es otra cosa que coger al inmigrante de turno cuando ya ha conseguido entrar en España, y devolverlo de inmediato a la policía marroquí −bien conocida también por sus métodos "disuasorios"− como si se tratara de un perro callejero. Todo de manera muy honorable, claro. Tras esto aparecen ciertas voces profesionales, respetuosas, potentes, de gran calado social, incluso líderes de opinión, que alaban al cuerpo de la Guardia Civil como expertos cumplidores de las tareas que se les encomiendan, entre ellas, por supuesto, disparar pelotas de goma contra unos inmigrantes que están ahogándose en el mar, ¿recordáis? Pero de nuevo, todo de forma muy honorable. Hay que señalar que la versión oficial es que disparaban únicamente contra el mar de manera disuasoria −como vemos es un argumento muy recurrente−. Tras las numerosas contradicciones que se dieron durante los días sucesivos, la realidad objetiva es que esa noche murieron 15 personas en el mar, mientras la Guardia Civil no solo no les ayudaba, sino que aumentaba la tensión de estas pobres personas "disuadiendo" con sus armas. A mi modo de entender describiría en esta dantesca escena un supuesto delito por omisión de socorro –con algún tipo de agravante que desconozco–, pero es tan solo la opinión subjetiva de un humilde ciudadano desde el sentido común del que se me dotó al nacer. Una reflexión: ¿Esto sería idea de los altos mandos o algo así improvisado en el momento? Quizá se vinieron arriba por el éxtasis –no la droga, mal pensados– del momento. Yo lo imagino más o menos así:

-Oye Paco, vienen nadando hacia nosotros. ¿qué dice el manual en estos casos?

-¿Manual?

-Si bueno, o la experiencia.

-Pues mira Antonio, yo no sé lo que dice el manual, pero me está entrando una mala hostia, que esto hay que soltarlo de alguna forma o se acaba enquistando.

-¿Entonces les lanzamos chalecos salvavidas?

-¿Tú eres tonto Antonio? ¿Me has visto cara de ONG? Coge tu arma, dispara y grita: ¡POR ESPAÑAAAAAAAAA!

(Esta representación es ficción dramatizada.

Cualquier parecido con la realidad es pura coincidencia).

Vaya usted a saber. Por supuesto, los que llegaron a la costa española fueron devueltos de inmediato a Marruecos, algo totalmente prohibido por la Ley de Extranjería. Los días siguientes pudimos ver todo un show de declaraciones en televisión mientras nos ponían esas imágenes en las que aparecen los inmigrantes corriendo, o lanzando piedras –tras enterarse de la muerte de algunos de sus compañeros–, como si nos estuvieran abordando y así sembrar la semillita del miedo al "ilegal". Parecían decirnos:

"¡Mirad, mirad qué malos son, estos negros armados con palos y piedras vienen hacia nosotros buscando pelea, y atacarán a la pobre Guardia Civil en cuanto puedan! Mirad, nos están invadiendo, seguro que son radicales de algún tipo. Hay que frenar este posible germen de vagos y maleantes".

¿Imagináis qué fácil sería todo si volviéramos a legalizar la esclavitud? Sería el sueño húmedo de más de uno, pero eso no va a ocurrir, al menos de forma explícita. Existe en internet un video muy didáctico donde se explica cómo fue el surgimiento y establecimiento del país más poderoso del mundo, los Estados Unidos de América. A quien le interese tan solo tiene que buscar "Una historia breve de los EE.UU.", del conocido director Michael Moore. Son apenas tres minutos, pero de una forma muy gráfica, con una estética de dibujos animados, trata de explicar las bases sobre las que se asienta la sociedad norteamericana, que no son otras que el miedo y el odio. Primero hacia los nativos americanos, que desterraron y asesinaron sin piedad, luego hacia los ingleses, para independizarse y fundar su propia nación, y más tarde hacia los esclavos, gracias a los cuales pudieron convertirse en lo que son ahora. Pero hay más, como el miedo/odio hacia los comunistas durante la guerra fría, hacia ellos mismos —y de ahí su obsesión por las armas— y por último, actualmente, hacia los árabes. Es, en definitiva, una nación que siempre ha tenido un objetivo al que temer y odiar a partes iguales y sobre el cual construir su unidad y "prosperidad". ¿Por qué os estoy soltando todo este rollo? Por la cuestión principal que nos ocupa en este capítulo: el miedo y odio al diferente, al inmigrante, y que fomenta su exclusión de la vida pública en general, y de la sanidad en particular. Es primordial entender la relación existente entre cualquier estado y aquellas personas que han sido excluidas de sus derechos como seres humanos por parte de este. Para llegar a ese punto primero hay que alcanzar el razonamiento de que no deberían existir personas de primera, de segunda o de tercera. Como dijo Martin Luther King en 1963:

"¡Hoy tengo un sueño! Sueño que algún día los valles serán cumbre, y las colinas y montañas serán llanos, los sitios más escarpados serán nivelados y los torcidos serán enderezados, y la gloria de Dios será revelada, y se unirá todo el género humano".

La frase le habría quedado redonda sin lo de la gloria de Dios, pero bueno. El fondo de toda esta cuestión es que hace no tantos años disponíamos en España de una de las mejores sanidades del mundo. Es algo que era más o menos reconocido por todos los ciudadanos, de derechas, de izquierdas, de abajo, de arriba o del centro del tablero. Nadie discutía esto, pese a las evidentes y siempre posibles mejoras, ya que era, cuanto menos, de calidad y muy garantista. Teníamos eso que se conoce como *Sanidad Universal*..., ¡guau, qué sonoridad, qué concepto más bonito! Una de las mayores conquistas que las clases populares hemos logrado tras muchos años de luchas: el derecho a no morir sin una atención digna y gratuita, independientemente de nuestro nivel adquisitivo, edad, sexo, raza o cualquier otra condición. Pero en septiembre de 2012 se aprueba un bonito Real Decreto por el cual se deja fuera de la sanidad a toda persona ilegal. Gracias a nuestro bien amado líder Rajoy.

Hagamos un paréntesis. Estamos acostumbrados a escuchar esto en las noticias, pero quizá no lo meditamos suficientemente. ¿Qué es eso de persona ilegal? La descripción que nos viene automáticamente a todos a la cabeza es la de alguien que ha entrado en el país de una forma no regulada por la ley, y por tanto está excluida de esta. Hay gente que considera normal vivir en una sociedad supuestamente civilizada que suprime a ciertas personas –porque no olvidemos que son personas–, por el motivo que sea. Los organismos e instituciones no reconocen a este individuo, de ahí lo de "ilegal", y por tanto se le quitan todos los derechos que pueda poseer cualquier otro ciudadano. El último es la sanidad, pero ya carecían de muchos otros. No obstante, a pesar de ser personas tratadas de forma especial por estar fuera de la ley, por ello son ilegales, sí se les aplica la ley en cuando a los deberes. Es decir, no tienen derecho a una sanidad o a unos servicios sociales que no dependan de la pura caridad, pero como se les ocurra robar un bocadillo de tortilla para cenar, van directos al trullo. Se les exige un comportamiento ciudadano sin reconocer su ciudadanía, es por definición una contradicción.

Dejando a un lado esta reflexión, ¿considerar a una persona ilegal parte del mismo principio por la que antiguamente una persona podía ser esclava? Por decirlo de otra forma, ¿son los inmigrantes "ilegales" los herederos actuales de los antiguos esclavos? Esto ocurre mientras nuestros políticos nos venden el mundo de la globalización, del libre mercado, de la libre movilidad; pero parece ser que esto solo es válido entre los llamados países ricos. Por tanto, es evidente que se trata de un problema de racismo, quizá ya no tanto étnico –que también–, sino sobre todo económico; un racismo de tipo clasista. No nos engañemos, nos creemos superiores en casi todo a cualquier país africano, asiático o latinoamericano. Seguimos con esa mentalidad colonialista que nos sitúa en el ombligo del mundo civilizado; creemos ser aún la élite que debe tomar las riendas del mundo. Nos hemos acostumbrado a estar equivocados.

Pero, ¡oh, sorpresa! Estamos en año electoral, y parece que el PP no va tan sobrado de votos como se pensaban en un principio. En las municipales y autonómicas se han pegado una buena hostia, como bien reconoció Rita. Curiosamente ahora se plantean devolver la sanidad primaria a los inmigrantes sin papeles, qué casualidad, ¿verdad? Pareciera que para el PP estas personas solo cuentan cuando hay votos de por medio. ¿Qué son exactamente?, ¿seres humanos, o algún tipo de activo con el que jugar para ganar unas elecciones?

Necesitamos fuertes dosis de modestia.

¡SANIDAD GRATUITA Y UNIVERSAL!

La hipócrita crisis del ébola

En toda computadora hay una papelera de reciclaje. En todo hogar una bolsa para echar desperdicios. Y en cualquier ciudad un vertedero. El mundo, entendido como planeta Tierra, también tiene su particular lugar para desechar; alejado, estanco y en estado de descomposición: África. Espero que no se me malinterprete. No insinúo que este continente sea inferior, sino que es tratado como tal por el resto. Es nuestra particular papelera de reciclaje, nuestro campo de tiro, nuestro conejillo de indias, nuestro odio, nuestros miedos y nuestro desprecio, pero también es nuestro origen como especie, la cuna de la humanidad, el antiguo paraíso terrenal, la víctima de no haber llegado al desarrollo industrial antes que Europa. Evidentemente hay otras regiones, países y continentes de los que se podría decir algo similar, pero el caso de África es especialmente sangrante. El llamado continente negro es capaz de casi todo lo bueno y lo malo que se nos pueda pasar por la cabeza, pero Europa tiene mucha responsabilidad en el desarrollo de lo segundo.

El ébola es una enfermedad que nace en el continente africano en el año 1976. No se conoce bien el origen, y por ello se ha aceptado como válida la posibilidad de que fuera un murciélago que mordió a una persona. Pero no se sabe a ciencia cierta, y ello ha dado fruto a diversas teorías especulativas. La que mayor fuerza toma es la posibilidad de que fuera el hombre blanco quien crease el virus en un laboratorio. Como digo, esto es pura especulación, y no seré yo quien afirme o desmienta nada, pero sí está claro que dicha afirmación se sustenta sobre un contexto apto: no creo asustar a nadie si afirmo que nuestro mal llamado primer mundo quiere mantener su supremacía y su nivel de vida, generalmente a costa de los demás. África fue muy productiva durante la época del esclavismo, pero desde que se han empeñado en cobrar un sueldo y ser tratados dignamente ya no es tan buen negocio. En la actualidad resulta mucho más rentable que se queden en su país y que desde allí trabajen en nuestras multinacionales. Pero ya lo dijo, pocos meses después del brote africano de ébola –y, evidentemente, antes de que fuera contagiado a Europa y América–, el que es el gran icono de la extrema derecha francesa, Jean-Marie Le Pen:

"El Ébola puede solucionar el problema de la inmigración en tres meses".

Y se quedó tan a gusto. Nadie se plantea juzgar penalmente a este señor por semejantes declaraciones, aunque sean de tan marcado carácter xenófobo y atenten de forma directa contra los derechos humanos más fundamentales. Total, son pobres negritos que viven a miles de kilómetros de aquí, ¿verdad? ¡*Oh la la*, el país de la libertad de expresión! Pero en España no nos quedamos atrás, y también tenemos perlitas racistas procedentes de personalidades públicas supuestamente menos radicales:

Javier Maroto, siendo alcalde del PP en Vitoria-Gasteiz:

"Hay nacionalidades que viven de las ayudas sociales y no tienen ningún interés en trabajar e integrarse…, y es así".

El alcalde de Badalona, el popular Xavier García Albiol, tras los atentados de París:

"Quizá es el momento de que la UE se plantee si puede seguir con la política de que cualquiera tiene todos los derechos. No todas las opciones son válidas".

Antonio Gallego Burgos, uno de los portavoces adjuntos del PP en el Congreso:

"Se da la paradoja de que mientras los españoles hemos tenido que pagar por esos servicios sociales, los recién llegados de manera ilegal no lo tienen que hacer. El colmo es que muchas veces reciben esas ayudas desplazando a los propios españoles".

Josep Anglada, dirigente del partido PxC:

"Nos va a tocar a los valientes expulsar a los musulmanes de nuestro país".

Ejemplos hay miles y podríamos seguir así un buen rato, pero el caso de Anglada es quizá uno de los más serios. Para darse cuenta de ello tan solo hay que ver los spots de sus campañas electorales para el partido PxC (Plataforma per Catalunya). Si tenéis curiosidad por ver de qué son capaces, poned en YouTube lo siguiente: "¿Catalunya 2025? Spot PXC". Sin palabras.

Volviendo al continente africano y al ébola. Se trata de una enfermedad que surgió, como ya hemos señalado, en el año 1976 al norte de Zaire (actual República del Congo), donde murieron 280 personas de 318 infectadas, es decir, un altísimo porcentaje del 90% de mortalidad. Tras este brote inicial sucedieron muchas más muertes en otros lugares. Se estudió el virus y se le puso nombre. Se pensó que podía tener su origen en el contacto con algunas especies de murciélago de la zona, ya que parece ser que pueden entrar en contacto con el virus sin desarrollar la enfermedad. Pero generalmente se obvia un dato curioso. Nueve años antes, en 1967, se dio en Europa un caso muy parecido, el conocido como virus Marburgo. Se trata de un agente infeccioso de la misma subcategoría que el ébola, y que al parecer llegó a

Europa mediante unos monos procedentes de Uganda. Se contagiaron 30 personas, de las cuales fallecieron siete. No obstante, el virus de Marburgo volvió a aparecer en Sudáfrica en 1975, es decir, tan solo un año antes del primer caso de ébola. Sin la más mínima intención de insinuar nada, estos datos sí me conducen, como mínimo, a la reflexión: ¿Procede el ébola realmente de los murciélagos? ¿Se trata de una enfermedad propia de la naturaleza o fue creada en probeta? ¿Era de origen animal y se modificó con alguna intencionalidad? Pura especulación. ¿Existe algún interés por parte del mundo desarrollado para controlar la demografía de África? Quizá. No obstante esta reflexión especulativa, que dejo ahí para quien le apetezca darle más vueltas, es muy probable que finalmente se trate de una enfermedad animal que pasó a los humanos de forma casual.

Pero volvamos a nuestro querido Estado español. La hipocresía que anunciaba en el título es fácil de ver. En el momento en el que hubo un único caso de ébola en España, todos corrimos a encender las televisiones para estar bien informados, buscamos datos en internet sobre el virus, aprendimos los porcentajes de mortalidad y los síntomas de infección. Todos vivimos y sufrimos con Teresa Romero, la pobre enfermera contagiada, y en esto no hay ni un ápice de ironía, ya que siempre hay que agradecer a los profesionales de la medicina que sean capaces de jugarse su propia salud por salvar al resto. Pero casi podemos afirmar que un único caso en nuestro país se convirtió en todo un show televisivo durante semanas. Antes de que esto ocurriera, vivíamos en una sociedad desconocedora de la cruel realidad del ébola. Nos sonaba lejano; nos sonaba a algo únicamente africano. Y así era, desde 1976. Pero no solo termina aquí la hipocresía. Ponemos todos los medios a nuestro alcance –de aquella manera, pero eso ya es otro tema– para solucionar este contagio de ébola, trasladamos en aviones a los españoles infectados en África, pero por otro lado dejamos morir a los enfermos de hepatitis C porque resulta que una farmacéutica nos fija un precio demasiado elevado que no estamos dispuestos a sufragar. Pero claro, la hepatitis C no es un virus que se pueda descontrolar y causar el pánico social –y por tanto repercusión electoral–, aunque deje muchos más muertos en nuestro país. Y podríamos seguir hablando de infinidad de enfermedades y muertes evitables que se producen en nuestro país cada año, incluso cada día, y podríamos hablar de sufrimiento y de vidas hipotecadas, en todos los sentidos, por falta de ayudas a personas dependientes, por ejemplo. O eso, o podríamos hablar de recuperar una sociedad que cuide por igual a todos sus enfermos.

Sanidad gratuita y universal, independientemente de si es rentable o no...

...ECONÓMICA O ELECTORALMENTE.

CAPÍTULO 3

GALLARDÓN

¡TRATA DE ABORTARLO, POR DIOS!

El aborto es algo que históricamente ha estado prohibido debido a la gran influencia de la religión en todos los aspectos de la vida. Son los tabús dogmáticos de la iglesia los que han ido imponiendo una moral cristiana –en el caso de Europa y América–, entre la población. Por suerte, en la actualidad vivimos en sociedades más laicas y con una mayor libertad moral, o eso queremos creer. Aun así, estamos ante un tema todavía hoy especialmente conflictivo para según qué sectores de la población. Con todo ello hemos ido consiguiendo avances, que poco a poco han ofrecido a la mujer las garantías necesarias en esta materia, reconociendo un derecho que aún incluso ciertos sectores políticos (básicamente el PP) y sociales (los autodenominados "pro-vida") se empeñan en negar como tal.

Hoy en día podemos afirmar que las sociedades más avanzadas en cuanto a derechos humanos suelen ser las que mayor protección del aborto ofrecen. Aun así no es tan claro el análisis, ya que existen lugares, como Latinoamérica, donde el peso de la moral cristiana es todavía excesivamente poderosa. En líneas generales, podemos hacer el siguiente análisis global en base a continentes:

- Europa, Norteamérica, Australia y gran parte de Asia, incluyendo China, India, Mongolia, Japón, y en general, toda la zona de influencia soviética, son lugares donde se ha regularizado el aborto de tal manera que la mujer pueda ejercer su derecho a decidir, normalmente bajo una ley de plazos.

- Por el contrario, Centroamérica, Sudamérica, África y la zona de Indonesia –con algunas honorables excepciones como Sudáfrica o Cuba–, tienden a ser aún bastante restrictivos, por no decir prohibitivos, con respecto al aborto.

Vemos por tanto que todavía queda mucho camino por recorrer, y para hacernos una idea global de la situación y, sobre todo, de la importancia del reconocimiento de este derecho, veamos algunos datos:

- Según la OMS (Organización Mundial de la Salud), aproximadamente la mitad de los abortos que se realizan en todo el mundo se hacen de manera ilegal, suponiendo un grave peligro para la vida de la madre.

- El 98% de estos abortos ilegales se producen en países pobres y bajo leyes prohibitivas.

- Por el contrario, en los países desarrollados los abortos inseguros suponen un porcentaje muy bajo. En Europa apenas el 0,5% del total.

- El estudio de casos como el de Sudáfrica nos ofrece claves para entender esta problemática. En este país, tras regularizar el aborto en 1997, el número de muertes descendió radicalmente.

Pero no hay que negar que estamos ante un tema polémico, ya que cuando se entra en el ámbito de la supuesta moralidad, cada cual barre para casa. ¿Qué es un feto?, ¿a partir de qué etapa podemos considerarlo un bebé con derechos?, ¿cómo hay que legislar?, ¿es prioridad la vida de la madre o la del feto? Son preguntas de difícil consenso, sin duda, aunque existe cierto acuerdo estandarizado para dicha práctica, donde la mayoría de países apuesta por la ley de plazos, relegando a un segundo plano la ley de supuestos. En España disponemos desde el año 2010 de una ley de plazos –promovida por el gobierno de Zapatero– que permite el aborto de forma legal hasta la semana 14, ampliándolo hasta la semana 22 en caso de malformación o enfermedad grave. Estas medidas garantizan a las mujeres una seguridad sanitaria de la que antes carecían y que provocaba muchas muertes por la realización de abortos clandestinos en pésimas condiciones. Anteriormente a ello, disponíamos de una ley de supuestos que fue aprobada en el año 1985. Veamos la comparativa de ambas:

Ley de supuestos de 1985	Ley de plazos de 2010
En caso de que exista grave peligro para la vida o la salud física o psíquica de la embarazada.	Aborto legal hasta la semana 14 para cualquier caso.
En caso de violación durante las 12 primeras semanas y con la existencia de denuncia previa.	En caso de malformación o enfermedad grave se amplía el plazo hasta la semana 22.
Si el feto sufre graves defectos físicos o psíquicos y siempre dentro de las 22 primeras semanas.	Las menores de edad (16 y 17 años) deben avisar a sus padres, pero no necesitan su consentimiento.

Ahora el PP pretendía volver a 1985, y el que quedó bien abortado fue Gallardón con su reforma sinsentido. Disculpen que me regocije especialmente en esto, pero me produjo una gran satisfacción saber que este político fracasaba en su intento kamikaze de llevarnos a la prehistoria moral. Enterarme de su destitución, o cese, o supuesta dimisión –o lo mismo me da–, fue algo así como cuando te preparan una fiesta sorpresa –aunque ciertamente se veía venir–. Gallardón, el gran barón progre del PP –en pugna con el ya expresidente de Extremadura, José Antonio Monago–, de golpe se transformó en el portador de una de las medidas más reaccionarias y agresivas hacia las mujeres que se recuerdan. Como ya hemos señalado, el PP pretendía pasar de la ley de plazos a una ley de supuestos, donde la mujer, probablemente, solo podría abortar en casos de violación, violencia de género, malformación…, o vete a saber, igual ni eso, porque no sé si recordáis aquellas palabras de Gallardón que rezaban:

"Mi ley es la más progresista del Gobierno.

Yo sí tendría un hijo con malformaciones graves; es una convicción personal".

Mientras aguantamos que nuestros políticos digan este tipo de barbaridades, tenemos que ver cómo disminuyen hasta mínimos históricos las ayudas a la dependencia. ¿Qué pretendía esta gente?, ¿obligarnos a tener hijos con malformaciones para luego dejarnos totalmente desamparados? Desde luego, es muy fácil opinar desde una posición social en la que el dinero no es un problema.

Tras todo este disparate, y la dimisión de Gallardón, resulta que muchas asociaciones "pro-vida" (concepto extraño que luego trataré de analizar) y religiosas han salido a la calle a quejarse por el incumplimiento por parte del PP de su programa electoral. Eso sí, para minimizar daños electorales se han sacado de la manga una modificación de la actual ley por la cual las menores de 18 años se verán obligadas a disponer del permiso de sus padres para poder abortar. Antes, con la ley de Zapatero, las menores debían comunicar a sus padres la decisión, pero en ningún caso podían verse obligadas por ellos. Además se ofrecía la posibilidad de no informar a los padres en casos donde la chica se encontrase en una situación de posible coacción por parte de la familia. Esto ya no será así gracias a la modificación de ley del Partido Popular. Si una chica de 17 años quiere abortar, pero sus padres no, le tocará hipotecar su vida y su juventud. Habrá quien vea esto muy normal, pero ser madre debería de ser siempre un acto totalmente libre por parte de la mujer, independientemente de tener 16, 17 o 18 años.

El dato cultureta: Existen numerosas películas sobre el problema de la maternidad en adolescentes, pero *Juno*, del director Jason Reitman, estrenada el año 2007, resalta especialmente sobre las demás. Trata sobre una joven de 16 años muy inteligente, sarcástica e independiente, que tras quedarse embarazada debe decidir qué hacer con el bebé. Ella está convencida de darlo en adopción, ¿cuál será su decisión final? Es sin duda una gran película donde se puede ver la capacidad de la joven para mandar sobre su cuerpo y su vida, independientemente de la decisión final.

Quiero volver un momento, como prometí, al concepto "pro-vida". Las asociaciones que se autodenominan de esta manera suelen ser defensoras de la idea de que los fetos deben ser protegidos desde su misma gestación hasta su nacimiento, es decir, son totalmente contrarias al aborto. Pero, ¿qué sucede con la vida de la madre? Quizá deberían añadir algún tipo de matización a su denominación del tipo: "pro-vida no nacida", o "pro-vida que aún no es, pero será", o "pro-vida anti-madre". No sé, algo que aclare un poco el tema, porque eso de pro-vida suena muy bonito, muy amplio, pero la realidad es otra. ¿Qué pasa si la madre tiene un parto de riesgo? Ah, se siente, haber utilizado condón (aunque no estoy muy seguro de que a los pro-vida les parezca bien el uso de anticonceptivos, ¡qué curioso!). El caso es que tu vida como mujer no entra dentro de la denominación pro-vida. ¡Se siente!

Llegados a este punto me gustaría hacer un paralelismo que considero muy significativo e igualmente conflictivo desde el punto de vista moral: la eutanasia. ¿Qué sucede cuando un ser humano llega a un punto en su vida en el que no quiere seguir viviendo?, ¿tenemos derecho como sociedad a obligarle a alargar su agonía? No voy a entrar en profundidad en esto, pero, ¿acaso una persona que lleva 30 años postrada en una cama no tiene todo el derecho del mundo a decidir dejar este mundo? O alguien que tenga una enfermedad terminal y decida no llegar a las últimas fases, las cuales además suelen ser las más dolorosas e indignas tanto para uno mismo como para la familia. Pensadlo bien, lo hacemos con los animales sin ningún tipo de conflictividad moral. Tenemos un perro o un gato al que queremos con locura y consideramos parte de nuestra familia, pero cuando enferma sin posibilidad de curación lo sacrificamos. Nos duele, pero no nos planteamos que algo así no sea correcto desde el punto de vista moral. Todo lo contrario, solemos decir: "estaba ya muy mal", o "era lo mejor para él", o "estaba viejo y sufría ya mucho". No es mi intención comparar a personas con animales, pero sí en cuanto al uso que hacemos de los valores morales. ¿Acaso no somos todos seres vivos? Con mayor motivo el ser humano debería poder decidir, por el simple hecho de disponer de la capacidad de razonar y de analizar su propia situación, algo que no sucede con nuestras mascotas.

Para finalizar, y volviendo a esas asociaciones que tanto defienden la vida, me gustaría daros un consejo: cuando alguien os diga que es pro-vida, salid corriendo, como alma que carga el diablo, porque probablemente os esté diciendo que un feto tiene muchos más derechos que vosotros, personas adultas y libres. Pero ojo, no les culpemos por ello, simplemente son gente de moral selectiva.

Gallardón es un pro-vida.

QUIZÁ POR ESO EN EL PP HAN SALIDO CORRIENDO DE SU LADO.

CAPÍTULO 4

¿Y SI VOLVEMOS A LA EGB?

BOLONIA NOS LA METIÓ DOBLADA: ¡LLEGA EL 3+2!

Pertenezco a ese extraño grupo de personas que, aun considerándose medianamente joven, perteneció a otro sistema educativo totalmente olvidado en las mentes más incipientes. Me refiero a la EGB. Cuando pronunciamos esas siglas a todos nos viene a la mente nuestra más tierna infancia. Esos colegios donde se enseñaba bajo una pedagogía prehistórica dominada por el temor a la regla. Sí, porque el que más y el que menos recuerda alguno de estos castigos:

- Palmas de la mano cara arriba y golpetazo con la regla.
- Calbote en el cogote.
- Estiramiento de oreja hasta casi levitar.
- Cara a la pared con los brazos en cruz y un libro en cada mano.

No seguiré, pero hay más, y lo sabéis. En mi caso he de decir que tan solo sufrí la versión *light* de este tipo de castigos "pedagógicos", ya que viví los últimos años de la EGB. En cambio, sí recuerdo un truco para estudiar de memoria que una profesora nos desveló y que igual podéis utilizar, ya que es infalible. Consiste en leer indefinidamente el texto, una y otra vez, mientras te golpeas en la cabeza con el puño cerrado cada vez que pronuncias una frase. Esta recomendación se la hacían a niños de 6 o 7 años, de manera que ya podéis imaginarme a mí y a otra treintena de alumnos en casa dándonos golpes y creyendo realmente que funcionaba. Bien, pues esta es la EGB que todos recordamos con tanto cariño. Somos así.

Pero, ¿por qué todo este rollo? Porque tendemos a idealizar cualquier cosa pasada en detrimento del presente. Es cierto que la ESO no fue esa gran reforma que nos prometieron, pero como ya he dicho, la EGB tampoco era para tirar cohetes; ¿o acaso alguien ha utilizado alguna vez a lo largo de su vida la famosa lista de los reyes godos? Puede que esto se usase como prueba de memorización pura y dura, pero me resulta totalmente absurda e innecesaria. Por todo ello me planteo la siguiente pregunta:

¿Hemos mejorado educativa y pedagógicamente?

Podríamos decir que en líneas generales sí. Estudiamos cosas más útiles, y la pedagogía está a años luz. Solamente hay que recordar, y de esto no hace tantos años, que un profesor tenía la potestad de castigar físicamente a un niño, con total impunidad, y por el simple hecho de portarse mal. Hoy en día algo así es impensable. ¿Pero el que hayamos mejorado en ciertos aspectos hace que tengamos una buena educación? Ni mucho menos. Empecemos hablando de las infraestructuras. Miles de niños en nuestro país llevan años estudiando en barracones sin calefacción ni aire acondicionado, mientras a unos pocos metros se financian obras faraónicas e inservibles como puede ser la Fórmula 1 de Valencia o el aeropuerto sin aviones de Castellón (hay muchos más ejemplos). Evidentemente un niño no rinde igual cuando tiene una buena aula, caliente, y con todo lo necesario para el aprendizaje, que cuando está hacinado en un barracón. Por no hablar de otros factores directamente relacionados con el manejo de la crisis por parte del Gobierno, como el hecho de que haya niños que acuden a la escuela sin desayunar. Pero entremos en lo más puramente educativo.

A nadie se le escapa a estas alturas que vivimos en una sociedad fuertemente autoritaria y jerarquizada. Existe una serie de personas que pertenece a una élite y que dicta cómo hemos de vivir y bajo qué normas. Nosotros pensamos que esto es lícito porque les hemos votado, pero, ¿es suficiente? Simplemente hay que hacer un sencillo ejercicio de observación: miremos a nuestros políticos, cualquiera de ellos, y veamos su trayectoria política y profesional (en el caso de tenerla). Os daréis cuenta de que la inmensa mayoría de ellos no han hecho otra cosa en los últimos 30 años –quitando quizá a los más jóvenes– que pasar de cargo a cargo. Han creado un caldo de cultivo idóneo para garantizarse de por vida vivir a costa de la política, como si se tratase de una profesión más, cuando no lo es. Por ello hemos de señalar algo que en ocasiones se nos olvida:

¡LA POLÍTICA ES UN SERVICIO PÚBLICO, NO UNA PROFESIÓN!

Una vez aclarado esto, cabe señalar que una democracia, para serlo, necesita que la población se implique en la vida colectiva, en la política, y evidentemente no consiste en votar cada 4 años a los mismos de siempre. Veamos la diferencia:

Gobierno del pueblo = Democracia

Gobierno de los mismos de siempre = Losdesiemprecracia

¿Qué tiene todo esto que ver con la educación? Pues todo. La sociedad se conforma en relación a acuerdos sociales, tipos de relaciones más o menos aprendidas y asimiladas. Nos comportamos en base a lo que vemos en el colectivo que nos acoge. Si la sociedad es machista, generalmente no veremos mal el machismo, o si la sociedad es belicosa, no veremos con malos ojos ir a la guerra contra otros pueblos. Por el contrario, si vivimos en una sociedad con un mayor peso de la figura de la mujer, desecharemos el machismo, o si vivimos en un país sin ejército probablemente pensemos que no lo necesitamos. Por tanto, lo que somos como sociedad no es algo innato, sino adquirido. Y aquí juega un papel fundamental la educación de los ciudadanos, especialmente en la infancia y la juventud.

Nuestra sociedad autoritaria y jerarquizada crea, diría incluso que por inercia, una educación bajo esos mismos valores. La escuela son lugares donde nos instruimos, sí, pero bajo una autoridad rígida que no permite el libre aprendizaje como algo que debería ser, no solo una etapa de la vida, sino el reflejo de la vocación humana por aprender. Por contra nos educan bajo el espejo de la sociedad, para ser personas dependientes, obedientes y competitivas. En la escuela no está bien visto el debate —en la universidad esto cambia un poco, aunque tampoco mucho—, o proponer temas interesantes que se salgan del temario oficial. Si tienes alguna inquietud intelectual que no esté en los libros de texto, seguramente será ignorada. ¿Por qué no buscamos una educación que asiente sus pilares en la libertad, la responsabilidad, el juego, el apoyo mutuo, la toma de decisiones y, por qué no, el autodidactismo? ¿Acaso no es posible aprender mientras te diviertes y te sientes partícipe en la enseñanza?

Algunas escuelas han tratado de buscar precisamente este tipo de metodología, o adoptar algunas ideas de lo que se conoce como educación libertaria. Si pretendemos cambiar el mundo, comencemos cambiándonos nosotros mismos. Disfrutemos aprendiendo cosas que realmente nos interesen y eleven nuestro potencial. Pero sobre todo seamos libres para aprender, ya que solo así podremos crear una sociedad también libre. Para ello me parece fundamental iniciarnos desde pequeños en el concepto de asamblea. Imaginad algo así:

> Eres un niño y llegas a la escuela de buena mañana. Tras un primer contacto con tus compañeros, intercambiáis opiniones e inquietudes sobre lo que debería ser la jornada de estudio, y decidís entre todos, y siempre con el apoyo del maestro, cuál es la mejor manera de estudiar ciertas cosas, o qué prioridades hay en base a esas inquietudes de aprendizaje. Por tanto, el profesor deja de ser una autoridad jerárquica para convertirse en un compañero más que, desde su experiencia, asesora, ayuda y canaliza todo ese potencial colectivo para que las decisiones tomadas en grupo sean provechosas. Desde luego, algo tan sencillo y tan difícil como esto, nos permitiría crear las bases de una sociedad colectiva, solidaria, participativa y libre. Pero volvemos a lo de siempre, al poder no le interesa que pensemos por nosotros mismos, prefiere que sigamos memorizando.

Ahora pasemos a la universidad. Primero fue Bolonia con la implantación de los grados de 4 años, y ahora, unos poquitos años después nos venden que lo mejor es el 3+2. ¿Qué es esto y a quién beneficia? En la siguiente tabla podemos ver la evolución de la educación universitaria en nuestro país (y en Europa, claro).

Pasado	Presente (Bolonia)	Futuro (3+2)
Licenciatura: 5 años Diplomatura: 3 años Máster: Opcional. Financiación: Generalmente pública.	Grados: 4 años. Postgrado: Equivale al máster y deja de ser tan opcional. Financiación: Disminuye la pública y aumenta la privada.	Grado: 3 años. Postgrado: 2 años y resulta prácticamente obligatorio. Financiación: ¿¿??

- *Licenciatura y diplomatura:* Antiguamente, con el sistema de licenciatura y diplomatura se ofrecían 5 años para las carreras más exigentes y 3 para el resto, y el máster quedaba como algo totalmente opcional que no era requisito imprescindible para entrar en el mundo laboral.

- *Grados (Bolonia):* En la actualidad estamos en el sistema conocido como *Bolonia*, el cual nos vendieron hace apenas unos años como la gran panacea para estandarizar los títulos universitarios a nivel europeo. Pero aquí debemos hacer la misma reflexión que ya hicieran en su momento miles y miles de estudiantes universitarios y profesores para evitar que la reforma se llevara a cabo y a los cuales, evidentemente, ignoraron: *Bolonia* buscaba dar un primer pasito hacia la privatización de la educación superior. Esto ahora podemos verlo con claridad gracias a la nueva reforma que se quiere implantar. *Bolonia* vino a ofrecer un cambio, en muchas ocasiones innecesario, en la mayoría de carreras para adaptarlas al mercado laboral, y crear así profesionales bajo un perfil mercantilizado. Por otra parte, la unificación de la duración en 4 años aumentaría la demanda de másteres –el gran negocio de muchas universidades–, lo que a su vez se complementaba con el fomento de un sistema de préstamos privados especiales que irían sustituyendo en nuestras mentes ese concepto tan rojo de que la universidad debe ser financiada por el Estado. Yo personalmente no pienso que deba ser financiada, sino que directamente debe ser totalmente gratuita. ¿O acaso nos gustaría vivir en una sociedad donde si no tienes dinero no tienes acceso a determinado tipo de conocimiento?

- *Grados (sistema 3+2):* Y de golpe nos encontramos ante la última ocurrencia de los mandamases. Ahora se nos plantea el siguiente paso hacia la privatización de la educación superior. Porque, por si no os habíais dado cuenta, eso es lo que están haciendo. Si lo pensáis, para cualquier pijo de campo de golf es el plan definitivo para excluir a la plebe de los ámbitos de conocimiento superior, y esta viene a ser la ecuación:

Encarecimiento de la educación + beneficio para entidades y empresas privadas = Menor cantidad de universitarios (especialmente pobres).

El neoliberalismo capitalista está llevando a cabo su revolución delante de nuestros ojos, y se lo estamos consintiendo. ¿Qué sucede con el 3+2? Muy sencillo, a partir de ahora todas las carreras serán de 3 años. Esto hace que sea imposible dar toda la materia de algunas carreras en tan poco tiempo, por lo que al terminar, te ves obligado (ellos dicen que no) a realizar los dos años correspondientes de máster, por supuesto a un precio mucho mayor. Con esta medida se consigue excluir de esta educación a la gente con menos recursos, dejándoles simbólicamente con una carrera "de segunda categoría". Por aquello de poder decir que todos somos iguales sin serlo: Todo por el pueblo pero sin el pueblo.

El problema de la educación es el problema de la renovación social, y viceversa. Si queremos cambiar las mentes, y en definitiva las sociedades, y dar el siguiente paso en la evolución colectiva humana, debemos cambiar muchas cosas, pero desde luego una de ellas es la educación que damos a nuestros jóvenes. Dejemos de una vez de medir las cosas bajo nuestros parámetros neoliberales del individualismo, egoísmo, autoridad, jerarquía y enriquecimiento material. Existe otra manera de funcionar, aunque nos traten de impedir por todos los medios que seamos conscientes de ello:

Por una educación libre, gratuita y de calidad,

¡PARTICIPACIÓN, SOLIDARIDAD Y LIBERTAD!

CAPÍTULO 5

"EL REY,

SIMPÁTICO HOLGAZÁN"

Juancar nos trajo la democracia. ¿En serio?

¿Recordáis aquello de "yo no soy monárquico, soy juancarlista", o lo de "una república nos saldría más cara", o esa afirmación del vecino de turno asegurando que "el Rey nos trajo la democracia"? A cuál mejor y más cómica, ¿verdad? En cambio es algo que durante años ha formado parte del romancero popular: "Qué campechano y cercano es", "nos salvó de otra dictadura", "es un rey al servicio del pueblo", "¿por qué no te callas?", e incluso, "le encanta el deporte: esquiador, navegante, cazador…"; y todos sabemos que una persona deportista merece todos nuestros respetos. También es bien conocida su faceta de galán…, ay Juancar, ¡qué bribonzuelo! Un momento, ¿bribón?, ¿ese no era el nombre del yate de su equipo de vela? Qué cosas tiene la vida. Me viene a la mente una canción del conocido grupo de rock SKA-P que habla de las monarquías y que utilizo como titular de este capítulo: "El Rey, saltando por encima de ley, simpático holgazán".

Ecuación del vecino monárquico:
Opinión vecino = juancarlismo = Rey demócrata = vecino gilipollas.

(Nota mental: No volver a dejarle azúcar nunca más).

Pero vayamos por partes. ¿Cómo llegó al poder Juan Carlos I de España? Esto es esencialmente, las circunstancias socio-políticas, la herencia recibida y la supuesta transición democrática. ¿Fue un cambio suficientemente transformador?, ¿tuvo el Rey en todo momento la intención de promover un sistema democrático, o fue el pueblo quien le empujó a ello? ¿Defendió la democracia desde el primer momento en el 28F, tal y como dice la historia popular, o se vio en la obligación de renegar del golpe tras un supuesto apoyo inicial, como aseguran algunas teorías? Tratemos pues de vislumbrar algo de luz en todo ello.

Érase una vez, en unas tierras muy lejanas y antiguas, allá por los años 30 del siglo XX, llegó al poder un movimiento republicano malvado que quería sembrar el caos entre los ciudadanos del tranquilo y relajado reino de España. Tras derrocar al estatus quo, la sociedad se sumió en una anarquía total que llevó a un gran líder a iniciar una cruzada por toda España: Una, Grande y Libre...

Ups, perdón, no me hagáis caso, este es el cuento que nos taladraron en la cabeza durante 40 años. Pero como ya sabemos, Francisco Franco sumió al país en una de las más despiadadas guerras fratricidas que se hayan conocido. Este "jambo" se hizo con el poder absoluto a costa de matar cruelmente a todo el que se opusiera. Pero lo interesante, y lo que nos importa ahora, llega en la última etapa antes de su muerte, cuando el régimen estaba bien preocupado por su propia supervivencia, ya sabéis, aquello de que todo quedara "atado y bien atado". Carrero Blanco, como sabéis, dinamitó su carrera política. Había que buscar una persona que se sintiera identificada con el Régimen y pudiera encarnar los valores y responsabilidades propios del cargo. El escogido para dicha misión fue el que más tarde sería nuestro querido Rey Juan Carlos I –ahora ya solo en nuestro recuerdo, aunque siga cobrando de nuestro bolsillo–. Pero en esta época era todavía casi un post-adolescente –ya sabemos que históricamente los reyes viven atrapados en esta etapa la mayor parte de sus vidas–, y se le abrían las puertas de par en par para ser el nuevo dueño del país. Respecto a esto, Juancar hizo unas declaraciones para una televisión francesa que rezaban lo siguiente:

"El general Franco es una figura decisiva históricamente y políticamente para España. Él es uno de los que nos sacó y resolvió nuestra CRISIS (ojo, que llama crisis a la GUERRA CIVIL) de 1936. [...] Él ha sentado las bases para el desarrollo de hoy día. [...] Yo tengo por él un gran afecto y admiración".

¡Ouuuuh yeaaaah baby, you are the boss! Se puede decir más alto, pero no más claro. Hay quien pueda pensar: "Bueno, pero hizo esas declaraciones movido por el contexto histórico, de cara a sacarnos de la dictadura". Claaaro, claaaro. De hecho imagino que son muchas las personas que pueden pensar algo similar. Pero lanzo la siguiente reflexión: ¿Desde cuándo algún Rey a lo largo de la historia se ha preocupado por sacar a su pueblo del yugo totalitario? Jamás, nunca. Más bien es la propia monarquía quien históricamente ha ejercido ese yugo. Habrá quien aún piense: "Eran otros tiempos". ¿Qué significa eso exactamente? Es decir, siempre son otros tiempos, pero nada cambia por combustión espontánea. Bajo mi humilde opinión, el Rey en ese momento pensaba y buscaba únicamente la manera de recuperar la corona que un día tuvo su familia, volver a disponer del poder e implantar de nuevo la monarquía en lo que considera su cortijo particular y legítimo: España. Es racionalmente contradictorio e insano pensar que una persona que se cree poco menos que divina por tener sangre azul —a día de hoy, metafóricamente hablando, porque imagino que algún análisis de sangre se habrán hecho a lo largo de sus divinas vidas—, realice sus actos en pos de mejorar la vida de sus súbditos —no olvidemos que, en última instancia, es eso lo que somos para él, súbditos, seres inferiores—. Si partimos de ahí, difícilmente entenderemos que nuestro antiguo Rey estuviera pensando en el bien común de todos los españoles. Recordemos que las monarquías viven a costa del

pueblo, y no al revés. Quizá debamos empezar a pensar que lo mejor para el Rey en ese momento, y su única vía para mantenerse en el poder, era respetar la voluntad del pueblo.

Hagamos un pequeño juego. ¿Quién de vosotros reconoce esta famosa y divertida escena que ha pasado a la historia del cine?:

-*Campesino 1:* ¡Me opongo a que automáticamente me trate como a un inferior!

-*Rey:* ¡Yo soy Rey!

-*Campesino 1:* ¿Cómo lo consiguió? ¡Explotando a los trabajadores, aferrándose a un dogmatismo imperialista que perpetúa las diferencias económicas y sociales!

-*Rey:* Soy Rey de los bretones.

-*Campesina 2*: No sabía que teníamos Rey, pensaba que éramos una colectividad.

-*Campesino 1*: Te equivocas, vivimos en una dictadura, una autocracia que se auto perpetúa y en la que la clase trabajadora...

-*Campesina 2*: Ya estamos con las clases...

-*Campesino 1*: ¡Ese es el quid de la cuestión!

-*Rey*: ¡Silencio, te ordeno que te calles!

-*Campesina 2*: Te ordena eh, ¿quién se creerá que es?

-*Rey*: ¡Soy vuestro Rey!

-*Campesina 2*: ¡Pues yo no le voté!

-*Rey*: A los reyes no se les vota.

-*Campesina 2*: ¿Entonces cómo llegó a ser Rey?

-*Rey:* ¡La dama del lago, con el brazo enfundado en brillante seda, sacó una espada del fondo de las aguas, significando así la divina providencia de que yo, Arturo, debía portar la espada! Por eso soy vuestro Rey.

-*Campesino 1:* ¡Que a una mujer le dé por repartir espadas mojadas no es base para un sistema de gobierno! ¡El supremo poder ejecutivo deriva de la voluntad de las masas, no de una absurda ceremonia acuática!

...

Este gracioso y genial diálogo paradójico, por su contexto histórico, podría continuar como si de un bucle se tratara hasta el infinito, mostrándonos la misma contradicción y sinsentido que hoy día encontramos en nuestras monarquías; las asumimos y aceptamos como una de esas extrañezas diacrónicas que perviven en nuestros días contradiciendo toda razón. En esta ocasión nos sirve para ver, en clave de humor, la estupidez que sostiene la legitimidad de quienes se autodenominan reyes, nobles, o cualquier tipo de titulado sin estudios que no haya pasado por la universidad. La película es una de las más famosas de los Monty Python: "Los caballeros de la mesa cuadrada". ¿Habéis acertado? Si no es así, os recomiendo encarecidamente su visionado.

Pero volvamos al asunto principal, ya sabemos que un Rey, por definición, ni representa al pueblo, ni busca el bien social. La siguiente pregunta es: ¿La transición que vivimos en este país fue gracias al Rey? Quienes vivieron aquella época coincidirán conmigo en que se trataba de un momento histórico en el que la sociedad estaba deseosa de un cambio profundo. Ya desde los últimos años de la dictadura era algo que se sentía en el ambiente. Soplaban vientos de cambio porque el pueblo lo ansiaba. Este empuje, que se reflejó más tarde en el proceso de transición y en los partidos políticos, nacía desde la sociedad, y no era más que un reflejo de esta. Por tanto, decir que el Rey nos trajo la democracia así por arte de magia, como estoy harto de escuchar, es algo que me deja bastante perplejo, casi como si se tratara del milagro del pan y los peces. El monarca buscaba recuperar el poder perdido −¿qué es un Rey sin trono?−, pero supo leer a la perfección una situación histórica en la que el pueblo exigía democracia y que se le hizo favorable. Juan Carlos simplemente aceptó esto como la forma más viable de garantizar su reinado. Si por el contrario, hubiera tratado de imponer un sistema monárquico autoritario, es más que probable que hubiera durado bien poco en el poder, y más cuando su "legitimidad" fue transferida directamente por el mismísimo Francisco Franco Bahamonde. Sin la más mínima intención de comparar gratuitamente, es lo mismo que a lo largo de la historia ha hecho el fascismo, adaptarse al contexto social y político para sacar provecho. Por tanto, aclaremos ya, definitivamente, que si hay un padre de la democracia, es el pueblo soberano.

¿Alguna vez os habéis parado a pensar en lo cómico que fue el intento de golpe de Estado del 23F? Resultó ser algo tan desastroso y bizarro que, si Dalí lo hubiera tenido que pintar, habría perdido la poca cordura que le quedaba. Parece incluso un chiste de Chiquito de la Calzada: "Entra un Guardia Civil, pecador de la pradera, en el Congreso de los diputados y dice, arh, se sienten coño, fistros duodenales". En aquel momento, el único que trató de hacer algo –Felipe González y Alfonso Guerra se quedaron tirados en el suelo y fueron de los últimos en incorporarse– fue un anciano, antiguo militar y falangista que en ese momento disponía del cargo de ministro de defensa, Manuel Gutiérrez Mellado, al que Tejero trató de tirar al suelo de forma bastante lamentable, sin llegar a conseguirlo. Tras horas de espera a que llegara el conocido como "elefante blanco" –un alto cargo militar que debía de dar las instrucciones de lo que pasaría a partir de ese momento–, tan solo se presentó el general Alfonso Armada, amigo del Rey, con una propuesta de Gobierno que no tenía ni pies ni cabeza: él mismo presidiría un gobierno *collage* donde entrarían políticos de todo tipo, incluido el socialista Felipe González. Mientras tanto, en Valencia, un general se viene arriba y saca los tanques a la calle. Porque otra cosa no, pero unos buenos "tanquetos" por la avenida principal lucen y acojonan que da gusto. Un mundo aparte son las llamadas telefónicas que realizaban los golpistas y que, escuchadas a día de hoy, son más graciosas que un monólogo del gran genio del humor bélico, Gila.

¿Conocen el dicho de "éramos pocos y parió la abuela"? Ya de madrugada, aparece el Rey por televisión apoyando la constitución. La realidad es que se podía haber dado algo más de prisa y pronunciarse antes. ¿O acaso quería hacernos pensar que estaba esperando a ver cómo se desarrollaban los hechos para posicionarse? No, mi Juancar no, es demasiado campechano para algo así.

El golpe de Estado del 23 de febrero del año 1981 por parte del teniente coronel de la Guardia Civil Antonio Tejero, es un tema del cual se han escrito ríos de tinta, pero del que nadie ha conseguido rascar lo suficiente –tampoco es tarea fácil– como para sacar toda la verdad a la luz. Como ya hemos dicho, tras horas de incertidumbre, el Rey salió en televisión tranquilizando a la ciudadanía y posicionándose contrario al golpe. Para muchas personas esto fue lo que mantuvo la democracia y, por ende, lo que fabricó una ciudadanía tan "juancarlista". Es extremadamente difícil averiguar exactamente qué sucedió en ese espacio de tiempo, esas horas en las que todo el mundo esperaba con el corazón en un puño a ver qué sucedía. Pocas personas saben esa verdad, entre ellas el propio Juan Carlos, y es bastante probable que sea un secreto que se lleven a la tumba. La versión oficial es que el Rey mantuvo contactos para mantener la fidelidad de los mandos militares, aunque muchos de ellos sostenían una posición dudosa. Las preguntas ante todo esto surgen solas: ¿Estaba el Rey al día de lo que iba a suceder?, y en tal caso, ¿se echó atrás en el último momento por algún motivo?, ¿estaba tanteando la evolución de los acontecimientos? Es ineludible la extrañeza de que el Rey de España, jefe de los ejércitos y heredero político directo de Franco, no estuviera al corriente de lo que se cocía en los cuarteles, pero esto ya entra dentro del terreno puramente especulativo. En cualquier caso, independientemente de lo que sucediera el 23F, lo que debería estar medianamente claro es que:

El Rey no nos trajo la democracia,

EL PUEBLO RECUPERÓ LO QUE LE NEGARON DURANTE 40 AÑOS.

El rey se hace demócrata y la lía parda

Tengo una teoría respecto al antiguo Rey. Un monarca no puede hacerse demócrata, porque va en contra de su más pura esencia y su tradición histórica. Sería como una especie de traición a su reputación familiar. Imaginad si Fidel Castro patrocinase un anuncio de la Coca-Cola. Son cosas que van contra natura –contra su natura, claro–. Si fuéramos fervientes creyentes del yin y el yang, de la energía, de la justicia cósmica y todo eso, parece evidente que Juan Carlos I hizo cosas que no gustaron mucho a los antiguos dioses griegos –igual se chivó su esposa, que es paisana–, siempre dispuestos al castigo humano. Sí, porque no puedes romper con tu tradición absolutista de siglos y luego hacer como que no pasa nada. O seguimos casándonos con primos hermanos o la baraja se rompe. No hablemos ya de traer la democracia. Veamos algunas de las consecuencias de interrumpir la armonía cósmica de esta manera tan abrupta:

- *Caídas:* Son tan numerosos los tropiezos, caídas y resbalones que parece más que evidente que no pueda ser algo casual. El universo es caprichoso, pero justo, y su manera de equilibrar los desniveles morales pueden venir de las maneras más inesperadas. Una de ellas parece convertir a nuestro antiguo monarca en una versión retro de Lobezno, con huesos de adamantium de última generación. Y quien sabe, quizá ahora que está jubilado pueda hacer alguna película para la Marvel. O quizá algún día será estudiado en los libros de texto como el primer ciber-humano totalmente funcional, o casi. Pero si una cosa nos ha quedado clara, desde luego, es que el Borbón es el único ser vivo que tropieza dos veces con la misma piedra.

- *Yate:* ¡El Rey se ha quedado sin su yate! ¡Maldita crisis, yo te maldigo! ¿Por qué siempre te ensañas con los mismos? Resulta que su querido barquito, el cual fue regalado por un grupo de empresarios mallorquines (qué majos ellos), fue devuelto como seña de empatía con los más perjudicados con la crisis. Yo desde entonces me siento mejor. ¿Veis? Hay que quererlo.

- *Cacerías:* ¡Qué tiempos aquellos en los que se podía cazar todo tipo de bichos sin que los malditos ecologistas se te echaran encima!, ¿verdad? Ese regustillo medio orgásmico de tener al otro lado de la mirilla del rifle a cualquier bestia en peligro de extinción. ¡Qué éxtasis! Pero los buenos tiempos siempre acaban. Aquel elefante fue la gota que colmó un vaso, o más bien una jarra, llena de animales procedentes de los 5 continentes. Pieles, cuernos, cabezas, sangre..., hemos venido a este mundo a disfrutar, ¿no? Pero antes una pregunta, ¿la monarquía está en peligro de extinción? Mera curiosidad, igual les conviene dejar a esos bichos en paz. Como defensor de los animales en general y de los elefantes en particular, solo me viene un pensamiento a la cabeza: El cazador cazado (siempre metafóricamente, que esta gente no fue a clase el día que estudiaban las figuras retóricas, y ya los veo tratando de acusarme de apología del magnicidio).

- *Urdangarin:* El trato con los yernos siempre es algo delicado. Sin entrar en temas judiciales tremendamente aburridos, deberíamos preguntarnos: ¿Qué es lo que hace que una persona con la vida más que solucionada, económicamente hablando, juegue a ser el más listo del lugar para aumentar su fortuna de forma ilícita? Fama, reconocimiento a una carrera deportiva, dinero, poder, una "vella" y noble esposa..., tío, ¿qué más quieres? No acabo de entender bien los mecanismos que llevan a las personas hasta ciertos niveles de avaricia y egoísmo. Pero, ¿estaba al tanto el Rey de las actividades de su querido yerno? De ser así, ¿las consintió?

Pero quiero seguir con mi disección sobre el yin y el yang del antiguo Rey. Hay que señalar, por supuesto, su relación amistosa con multitud de monarquías a lo largo del mundo de dudoso reconocimiento democrático. Hay quien defiende estos encuentros como beneficiosos para el país, otros dicen que el Rey se ve en la obligación institucional, entre la espada y la pared. Claro. Sea como fuere, yo le veo muy sonriente en las fotos, y sobre todo, jamás le he visto decir a algún monarca autoritario aquello de: ¿Por qué no te callas? La justicia cósmica es muy dura con este tipo de actitudes.

Pero no todo va a ser castigo. Recientemente hubo un momento genial para el recuerdo, y para su propia redención —o no—. Me refiero al ya célebre: "lo siento mucho, me he equivocado, no volverá a ocurrir". ¡Dios mío!, un Rey pidiendo perdón a sus súbditos, ¿cómo es esto posible? Un sangre azul, tocado por los dioses. Bien, mi principal teoría es que la cosa estaba tan malita que ya se veía destronado y exiliado por las masas populares en cosa de pocos meses. Desgaste que a su vez explica su repentina abdicación en pos de su hijo Felipe VI "El preparado". Evidentemente salieron miles y miles de personas en toda España para exigir el retorno de la República. Pero como, por desgracia, ya estamos acostumbrados en este país:

Resulta que, una vez más, ya tenían todo

ATADO Y BIEN ATADO.

CAPÍTULO 6

CORRUppCIÓN

(DISCULPEN LA FALTA ORTOGRÁFICA, SERÁ SUBSANADA EN PRÓXIMAS EDICIONES)

Voy a terminar pronto este capítulo. No por falta de material, porque como sabéis podemos encontrar casos de corrupción cada día en la televisión, en la radio, en la prensa escrita y en internet. Podríamos escribir libros inacabables que no terminaríamos ni durante cien vidas. Pero ese mismo es el motivo: creo que se ha robado por encima de nuestras posibilidades. Estoy muy harto de tanto Bárcenas, Rus, Castedo, Ortiz, Rato, Gürtel, ERE, financiación ilegal y su p... Evidentemente todo ello deberá ser demostrado por un juez, pero a día de hoy escribir sobre ello me excita –en el sentido menos bueno de la palabra– en exceso y me pone de mal humor. Sería incapaz de ser objetivo, aunque a decir verdad en ningún momento lo pretendo; soy de esos bichos raros que no tratan de vender la objetividad como valor añadido (véase cualquier medio de comunicación), sino la honradez intelectual, que es muy distinto.

Creo que a estas alturas de la película es de menester nombrar al señor Rodrigo Rato, el que dicen fue el artífice del "milagro económico español" y que podría servirnos como el gran paradigma de la corrupción (con permiso de Bárcenas). Desde luego, los gobiernos de Aznar fueron años dulces –para ellos, claro– y muchos tuvieron la ocasión de montar un buen chiringuito con el que robar y llevarse el dinero a lugares opacos para la hacienda española. Señores que tratan de darnos lecciones morales, que son colocados a la vanguardia de las grandes entidades bancarias, igualmente ladronas de los ciudadanos. El FMI, esa entidad que no se sabe muy bien para qué sirve, más que para mantener esclavos del capital al mundo entero y propiciar que ciertas personas se forren. Ex ministro y amigo de Aznar. ¿Esta gente tiene en su ámbito de amigos a alguien que lo esté pasando realmente mal por la crisis? La respuesta es no. Viven en una burbuja, en un mundo que no es real, y que desde el poder quieren, ni lo dudéis, seguir fomentando. Una realidad social que no dista tanto de la maravillosa obra literaria *1984*, de George Orwell, donde se muestra la sociedad distópica por excelencia. Estamos en el Gran Hermano sin habernos presentado a los castings de Telecinco.

En contra de lo que dicen muchos tertulianos de salón y politicuchos, sí, vivimos en una democracia corrupta, corrompida, podrida, toda ella, instituciones, clase política e incluso medios de comunicación, al menos en cuanto al ejercicio profesional del periodismo; a esa sinceridad de la que hablaba antes y que se presupone –o al menos así debería ser– al cuarto poder. Y ningún partido se libra, ni de izquierdas ni de derechas –los recién formados puede que todavía no hayan tenido tiempo de entrar en esa dinámica, tiempo al tiempo–, aunque como si de una competición se tratara, es bastante evidente cuál va ganando.

Existe información a manos llenas sobre este tema en todas partes para sacar sus propias conclusiones. Hemos de aprender a ser ciudadanos conscientes, libres, bien informados y consecuentes. Salgamos de la caverna platónica para gritarles a la cara que sabemos lo que están haciendo con nuestras vidas, con las de nuestros hijos y nietos, y que no se lo vamos a permitir. Por otra parte, como ya he dicho, si sigo escribiendo de esto me voy a tirar al monte a vivir de ermitaño. Lean, busquen, comparen, piensen y que Dios les proteja en el intento (a los ateos que os proteja un psicólogo), pero recuerden:

Ya sabemos de qué palo van,

SI LES VOTAS, ERES CÓMPLICE.

(Por lo visto en las últimas elecciones, lamentablemente todavía hay demasiados cómplices).

¡A VOTAR SE VA LEÍDO!

CAPÍTULO 7

LEY MORDAZA

NOS QUIEREN CORDERITOS

¿Ley mordaza?, ¿en una democracia? Estos rojos, ya están inventado cosas. Podría llegar a entenderlo si esto fuera una dictadura bolivariana cualquiera de los mares del caribe, pero, ¿en España? Nuestra democracia es casi tan antigua como los primeros íberos, de quienes, según el partido de Rita Barberá (¡qué hostia, qué hostia!), desciende la lengua valenciana... Intelectuales que hay por Valencia, qué le vamos a hacer.

Ley mordaza. Busquemos por curiosidad en la RAE la definición de esta bonita palabra:

"1. f. Instrumento que se pone en la boca para impedir el hablar".

Su primera acepción no puede ser más clara, pero a mí me preocupa especialmente la cuarta:

"4. Instrumento compuesto de dos piezas semicilíndricas de madera dura, entre las cuales se sujeta convenientemente la parte alta del escroto, para evitar derrames en la castración".

¿Acaso planean realizar una castración masiva entre las clases populares para evitar que el proletariado siga engendrando vagos, maleantes, pobres y terroristas? Es una línea de investigación que trataré de aclarar en futuros ensayos. De momento voy a centrarme en la primera acepción de la palabra: Instrumento que se pone en la boca para impedir hablar. ¿Pero quién podría tener interés en que se dejase de hablar en una de las democracias más avanzadas del mundo? O al menos que se dejase de hablar sobre temas importantes, como denunciar injusticas o de dar voz a los sin voz. ¿No os parece mucho más interesante hablar de cómo Belén Esteban gana Gran Hermano Vip? Además, esto no se contradice en absoluto con ninguna ley, por lo que no se te criminalizará desde el poder por ello. ¿Qué sucedería si preguntamos entre los fans de este programa sobre el origen del concepto de *Big Brother*? Pues que nos daría la risa al escuchar las respuestas. Pero esto ya es otro tema.

El dato cultureta: Son numerosas las voces que afirman que, en la actualidad, estamos caminando hacia una sociedad orwelliana, donde vivimos bajo un control constante por parte de autoridades y grandes empresas (¿Google?, ¿Apple?). George Orwell estuvo en España durante la Guerra Civil. En el libro que escribiría posteriormente, *Homenaje a Cataluña*, afirmó: "Ya de

> joven me había fijado en que ningún periódico cuenta nunca con fidelidad cómo suceden las cosas, pero en España vi por primera vez noticias de prensa que no tenían ninguna relación con los hechos". ¡Zas!, en toda la boca, cuarto poder.

¿Ley Mordaza? –diría un afiliado al PP–, su nombre real es *Ley de Seguridad Ciudadana* –bonito y oficial eufemismo–. Es muy sencillo. Sucede que cuando los grandes dueños del poder ven peligrar su estatus tienden a recortar libertades básicas bajo la excusa de la seguridad. Generalmente, en un sistema capitalista, seguridad y libertad se llevan bastante mal:

Quieren hacernos creer que:

Más libertad = Menos seguridad.

Y así justifican recortar nuestra libertad:

Control de la libertad = Más seguridad.

No es un tema baladí, ni mucho menos. ¿Menos libertad y más seguridad para quién? Quizá, y siendo mal pensado, lo que tratan de hacer es blindar a las clases poderosas –es decir, a ellos mismos y a sus amiguitos empresarios– en tiempos de futuro incierto. Veamos algunas de las medidas de esta polémica –y absurda, y denigrante, y obscena, e innecesaria, e interesada, e injusta, e... (no confundid objetividad, que como ya dije no debe obsesionarnos, con imparcialidad, que tampoco)– ley:

FALTA MUY GRAVE (entre 30.001 y 600.000€):

- *Manifestaciones no comunicadas o prohibidas ante infraestructuras críticas.* El ejemplo más claro de esta medida sería el "rodea el Congreso" del año 2012, ya que a partir de ahora realizar algo similar podría conllevar las penas más duras, llegando a multas de entre 30.001 y 600.000€. Esto sí es una medida anticrisis.
  Hay quien opina que un acto como aquel supone un ataque a la democracia y por ello debe ser evitado a toda costa. No obstante debemos entender la coyuntura social de nuestro país y los motivos por los que la sociedad puede dirigirse al máximo órgano representativo de nuestra joven democracia para hacerse escuchar. Votamos cada cuatro años, sí, pero ¿realmente somos soberanos?, ¿representan nuestros intereses?, ¿tenemos mecanismos de control para casos en los que incumplan su programa electoral o

directamente tomen decisiones negligentes – como podría ser gastar dinero público en macro eventos que solo benefician a las empresas amigas del poder–? Pues sí, la gente acudió a los alrededores del Congreso de forma simbólica para dar un toque de atención a nuestros políticos, quienes han demostrado en su mayoría ser bastante incapaces. Es más que evidente que no se pretendía asaltarlo, ni dar un golpe de estado, ni nada parecido, como prácticamente se insinuaba sin tapujos en alguna que otra tertulia de trasnochados. En cualquier caso, lo dicho, si a partir de ahora se te ocurre algo parecido, puede que estés endeudándote de por vida. ¿Hay mejor manera de evitar la movilización que utilizar el recurso del miedo?

FALTA GRAVE (entre 601 y 30.000€):

- *Causar desórdenes en la calle u obstaculizarla con barricadas.* Es decir, si la policía antidisturbios carga contra una manifestación y se pone a lanzar pelotas de goma –haz un gran esfuerzo de abstracción, porque es algo que jamás ha sucedido en democracia–, procurad quedaros quietitos y mucho menos vayáis a parapetaros detrás de un contenedor de basura, porque la multa no es precisamente liviana. A partir de ahora sólo los niños ricos tendrán acceso al derecho de manifestación debido a su alto coste –aunque no lo ejerzan, claro–, o eso, o como ya hemos dicho te quedas inmóvil y dejas que te calienten el lomo. Ya sabes, aquello de poner la otra mejilla, puro catolicismo.

- *Impedir a cualquier autoridad el ejercicio legítimo de sus funciones en el cumplimiento de resoluciones administrativas o judiciales.* Claro, luego vienen los señores del PP (¿Partido Populista? No recuerdo bien) y nos dicen que sufren mucho con las personitas pobres que se quedan sin hogar. Bien, con esta disposición resulta que la admirable función social que cumple la PAH (Plataforma de Afectados por la Hipoteca) se va a ver, no solo dificultada, sino castigada por el Estado. Los políticos mandarán a sus guardianes del orden y la seguridad a echar de su casa a una familia con hijos pequeños, o a una pobre anciana, como siempre, pero ojo no se encuentren con personas obstruyendo la entrada –acción mucho más legítima que la de echar a la gente a la calle–, porque podrán meterles una multa por el orto que se les van a quitar las ganas de preocuparse tanto por el prójimo. ¡Que vivimos en una sociedad individualista, coño!

- *La desobediencia o la resistencia a la autoridad, así como la negativa a identificarse a requerimiento de la autoridad o de sus agentes.* La ambigüedad es algo que no podemos permitirnos cuando se trata de dotar de poderes a una fuerza policial, y en esta ley se trata de una constante. Un policía podrá decidir por sí mismo, es decir, juzgar, si estamos desobedeciendo de alguna manera sus indicaciones, y por tanto imponernos esa bonita multa de cuantía desorbitada. Pero, ¿qué ocurriría si un periodista, como es mi caso, fotografía a un policía en la vía pública? Pues tenemos otra bonita disposición para ello.

- *El uso no autorizado de imágenes o datos personales o profesionales de autoridades o miembros de las Fuerzas y Cuerpos de Seguridad que pueda poner en peligro la seguridad personal o familiar de los agentes, de las instalaciones protegidas o en riesgo el éxito de una operación, con respeto al derecho fundamental a la información.* Está muy bien esta última aclaración del derecho a la información, pero es una pena que no tenga valor alguno más que el de poder decir que al estar incluido en el texto no va a haber violación alguna del citado derecho; por desgracia la realidad no es así. Pongamos por ejemplo que un policía está en una manifestación pegando porrazos a diestro y siniestro. Un periodista inmortaliza la secuencia captando al policía en plena acción con ese gesto de gustazo que se les suele dibujar en la cara. Bien, un amigo del ocupado policía, por cierto, también policía, viene y me pide el carrete (cabe la posibilidad de que aún no se hayan enterado de los últimos avances tecnológicos). Yo, evidentemente, me niego a dárselo, ya que como profesional de la comunicación me resguarda el derecho de todo ciudadano a recibir una información veraz de lo que sucede. Es evidente que la sociedad tiene derecho a ver cómo ese policía golpea a los manifestantes, de igual modo que si fuera al contrario. Pero el mejor amigo del policía orgásmico no piensa como yo, sino que, amparándose en esta ley se ve facultado en resolver que mis fotos o vídeos pueden suponer un riesgo personal para dicho policía. Podemos ver que la ya comentada ambigüedad ofrece unos poderes a los agentes que les permita saltarse de golpe derechos tan fundamentales como el de información. ¿Verdad que, incluso antes de esta Ley mordaza, nunca hemos visto a un policía golpeando o rompiéndole la cámara a un periodista, con total impunidad? Pues eso, ahora la ley les ampara.

FALTAS LEVES (de 100 a 600€):

- *Las faltas de respeto y consideración cuyo destinatario sea un miembro de las Fuerzas y Cuerpos de Seguridad en el ejercicio de sus funciones de protección de la seguridad.* Volvemos a lo mismo. ¿Qué es y qué no es faltar al respeto a un policía?, ¿dónde está el límite de lo que se puede hacer/decir?, ¿qué pasa con la gente que se ha tatuado en el brazo A.C.A.B. (All Cops Are Bastards)? Pues que ya no podrán pasear tranquilamente por la playa sin miedo a que les caiga una multa por difundir mensajes que atentan al respeto y la consideración de la policía. Seamos un poco serios, ¿cuántas veces me ha faltado a mí al respeto –o a cualquier ciudadano– la policía? Difícilmente las podría contar con los dedos de las manos. ¿Quizá la policía merece más respeto que cualquier otra persona? No es esa mi manera de entender la sociedad. Perdón, se me olvidaba que son seres de luz que están por encima del bien y el mal, arcángeles enviados del cielo para mostrarnos a la humanidad el camino correcto.

-   *La ocupación de casas y la venta ambulante no autorizada.* En realidad esto es lo de siempre, si eres okupa –tanto por convicción ideológica como por necesidad– o te buscas la vida vendiendo CDs en la calle, te van a caer bonitas multas.

Podríamos seguir, o entrar más en profundidad en cada una de ellas, pero creo que tampoco es necesario para darse cuenta de que mediante esta ley se consiguen varias cosas: introducir el factor miedo entre la población para evitar su movilización en época de crisis, y dotar de mayores poderes a la policía bajo el amparo de una ley injusta y ambigua. También hay que señalar el absurdo de que se ponga al mismo nivel de gravedad actos tan objetivamente distantes como tratar de impedir un desahucio o fabricar un artefacto explosivo, ambos incluidos dentro del grupo de las faltas graves. Por todo ello podemos concluir que:

El PP se preocupa de los pobres desahuciados

CASI TANTO COMO DE NUESTRA LIBERTAD DE EXPRESIÓN Y MANIFESTACIÓN.

CAPÍTULO 8

IDEOLOGÍAS

NO VIVIMOS EN EL MEJOR DE LOS MUNDOS POSIBLES, Y LO SABES

La Revolución francesa puso las primeras piedras del sistema liberal bajo las ideas de la ilustración. Para quienes andéis algo perdidos en historia, las ideas ilustradas propugnaban un cambio en la manera de entender toda nuestra realidad: la sociedad, las ciencias, la política; eran las representantes de la época de las luces, ya que por fin se salía de la oscura época que fue la edad media. Eran ideas muy avanzadas, casi revolucionarias para la época, ya que esencialmente se trataba de usar la razón como herramienta del progreso humano. En política, se empezaba a cuestionar el anticuado sistema feudal –sí, el ser humano ha existido mucho antes que el capitalismo, aunque nos cueste de asumir–, que permitía unas relaciones de poder muy arraigadas a la tierra, a los señoríos y al vasallaje. Eran nexos muy personalistas, en los que el señor disponía del vasallo en multitud de aspectos de su vida a cambio de unas tierras donde trabajar, y que en ningún momento pasaban a su propiedad. Pero con la llegada de la revolución francesa se asentaron definitivamente las ideas de una burguesía naciente que no entendía por qué solo la nobleza y el clero disponían de poder real. Este fue el gran detonante de la gran explosión burguesa liberal que ha llegado hasta nuestros días. Pero, ¿qué propugna exactamente el liberalismo? Veamos unas pinceladas:

- *Ruptura con el feudalismo:* Las relaciones de poder cambian enormemente. Ya no somos vasallos de un señor. Pasamos a ser ciudadanos libres, pero los medios de producción, tanto industriales como agrícolas, se concentran en manos de la creciente clase burguesa. Ante esta situación, los nuevos ciudadanos libres deben vender su única posesión, la fuerza de trabajo, en las incipientes fábricas de la revolución industrial. Por tanto, aquello de ciudadanía libre pasa a ser una especie de eufemismo o broma de mal gusto.

- *Separación de poderes:* El ejecutivo, el legislativo y el judicial. En teoría, esta medida garantiza la plena independencia de cada uno de los poderes, evitando así que se interpongan ciertos intereses, como puede ser el interés político en la justicia. Repito, esto es en teoría, incluso a día de hoy. No es ninguna sorpresa la existencia de jueces que se asocian en base a ciertas ideologías políticas, ¿verdad?

- *Libertad económica:* Este es el gran paradigma del liberalismo, el económico. Adam Smith es considerado el padre de la teoría liberal, y básicamente consiste en creer que la economía es un gran ente, casi como un dios, con poco menos que conciencia propia y con capacidad para autorregularse y autocontrolarse de tal manera que se le presupone cierto estado próximo a la perfección. Por ello se propugna la no intervención estatal en la economía. Hoy día podemos ver al descalabro que esto nos ha llevado.

Pero pensemos en el término libertad, secuestrado por el liberalismo para construir su propia esencia. La libertad es un concepto muy complicado de definir, incluso subjetivo. Para algunas personas libertad puede ser elegir el modelo de coche que quiere comprar. ¿Es eso libertad? Por el contrario, para otras personas es tener las herramientas necesarias para acabar con el hambre infantil. En el tipo de sistema económico y social en el que vivimos actualmente podemos decir que la libertad se sustenta sobre un supuesto equilibrio –que no lo es tanto–, entre el individuo y la sociedad, ya que como todos sabéis nuestra libertad termina donde empieza la de nuestro prójimo. Esto es, por ejemplo, que tenemos derecho a la libertad de expresión, pero no tenemos derecho a acusar a otra persona falaz y gratuitamente, porque atentaríamos a su derecho al honor y a la intimidad. Por tanto, nos encontramos que la libertad es algo que nos mantiene unidos socialmente al resto de individuos, ya que si viviéramos aislados en una isla desierta, totalmente solos, el mismo concepto de libertad carecería de significado por ser innecesario su planteamiento mismo. Somos libres tanto en cuanto nos reconocemos mutuamente ese derecho y lo ejercemos en común. Creo que en esto estaremos de acuerdo. Sin embargo, equiparar los derechos individuales con los sociales tiene, en un sistema capitalista, algo de trampa, ya que tienden a prevalecer los primeros.

¿Qué sucede cuando una persona dispone de grandes sumas de dinero, de patrimonios, de medios de producción, de medios de comunicación donde expresarse, etc., mientras a su vez ello produce que otras muchas no dispongan de nada de esto? ¿No consideramos entonces que este desnivel, este desequilibrio en el que evidentemente hay causa-efecto, esté socavando nuestra libertad −es decir, la libertad social−? El derecho de una persona a disponer de una gran fortuna que no gastaría en 100 vidas, es la violación del derecho de muchas personas a disponer de una vivienda digna, de una educación gratuita y de calidad, o de una sanidad realmente funcional y útil para las personas. Nos encontramos por tanto en una situación en la que se protege el derecho de una persona por encima del derecho de miles. Esto, no solo lo permite el liberalismo económico, sino que lo fomenta. Tratamos a la economía como si fuera una especie de divinidad: "La economía es sabia, si la dejamos hacer se regula por sí misma". Esto nos dicen, "dejémosla hacer". Una economía libre, liberalizada, incontrolada, es la herramienta perfecta que van a utilizar, quienes tienen los recursos necesarios, para enriquecerse y empobrecer al resto.

Como hemos dicho, el fomento del individualismo hace que automáticamente el mundo pase a ser de los poderosos. Por tanto, inclinarse hacia esta vertiente es absurdo, partiendo del simple y evidente hecho de que somos seres sociales que viven en común, en sociedad. Por tanto, la libertad jamás podrá ser individualista –a no ser, como dije anteriormente, que nos vayamos a vivir a una isla desierta–, y cualquier camino que se tome en este sentido será fracasado, como estamos viendo en la actualidad. Pero, ¿queremos un supuesto equilibrio que defiende la desigualdad entre seres humanos? Porque nos encontramos exactamente en ese punto. ¿Qué ocurriría si, respetando ciertos derechos individuales innegables, acercáramos el concepto de libertad un poquito más al lado de la colectividad? Muchas de vuestras mentes volarán a, como diría algún que otro tertuliano, regímenes autoritarios de carácter comunista o bolivariano. Pero reflexionemos de nuevo: ¿Cuál es mayor expresión de libertad, decidir entre Coca-Cola o Pepsi, o decidir que no haya grandes fortunas, que todos seamos iguales y que nuestros recursos repercutan por igual en toda la ciudadanía? La elección se me antoja bien sencilla.

Vivimos en sociedad y no podemos entender la libertad de otra forma que no sea de manera social. Aunque nos cueste sacar de nuestras cabezas el ideario liberal, si queremos una sociedad más justa debemos de tener claro que la libertad solo se puede conseguir en relación con nuestro entorno, con nuestros vecinos, familiares y amigos. ¿Tengo derecho, como persona individual, a tener un Mercedes-Benz de 100.000€? Según la lógica capitalista un rotundo sí. Según el sentido común, sí, siempre que ello no implique que otra persona esté pasando penuria, por tanto, no cabría ese derecho burgués en una sociedad tan desigual como la nuestra. Volvemos por tanto a ese equilibrio roto. Como el sistema capitalista no trata de corregir sus propios desajustes –ya que su misma esencia se sustenta en ellos–, la única posibilidad es controlar ese derecho individual para que no atropelle los derechos colectivos básicos de muchas otras personas. Otra cosa es que desvinculemos estos dos hechos, como hacen los capitalistas, y pensemos, inocentemente o irresponsablemente, que cada cual es el último responsable de sus éxitos y miserias. Entiendo que se trata de una idea muy atractiva, el hombre que se forja a sí mismo, que busca su porvenir y hace fortuna. Sigamos creyendo pues en los cuentos de hadas. O en el sueño americano.

Simplifiquemos la sociedad para poder ejemplificarla. Imaginemos un pequeño colectivo de personas, unas cien, que vive en una sociedad básica que sustenta su economía exclusivamente en la ganadería y la agricultura. Las tareas son repartidas entre los diferentes individuos para poder conseguir o producir las necesidades básicas del colectivo. No existe necesariamente una autoridad o jerarquía suprema, sino que las decisiones son más o menos tomadas por el colectivo. Podríamos concluir que esta es una de las formas de organización en la que el ser humano se puede sentir precisamente eso, más humano, más libre y comprometido con su entorno y su sociedad. Ahora imaginemos este mismo ejemplo bajo los diferentes sistemas político-económicos actuales:

- *Neoliberalismo capitalista* (modelo PP-Ciudadanos): De entrada, olvidaos de que en el colectivo se tomen las decisiones de forma más o menos consensuada. Ahora existe una jerarquía clara, unas élites que bajo el paraguas del interés común ordenan y organizan cada aspecto de la comuna. Pero además, el interés del colectivo ha cambiado. Ya no se trata de vivir en armonía con el medio recogiendo los frutos necesarios para la vida, sino que se adopta una postura de enriquecimiento, de acumulación de materias: se produce carne y verduras por encima de las necesidades del grupo. Por ello, necesitan salir en búsqueda de nuevas tribus o sociedades para intercambiar el excedente y obtener beneficios materiales que, a pesar de ser innecesarios, les concede a algunos un cierto status dentro de sus sociedades. Pronto surge una serie de personas que se elevan por encima del resto y acaban adueñándose de las tierras bajo la excusa de hacerlas más productivas, por lo que ya no se trabajan las tierras comunes, sino las de ciertas personas particulares bajo el interés de acercarse a las capas más elevadas de dicha sociedad jerarquizada. El final de todo esto, es un colectivo de personas con los recursos naturales necesarios para vivir dignamente, pero que por el tipo de organización e intereses creados, se ha organizado jerárquicamente con una minoría que acumula beneficios mientras el grueso de la sociedad está sometida y obtiene lo justo y necesario para sobrevivir. Con el paso del tiempo, este esquema se convierte en la actual dominación del hombre por el hombre.

- *Socialdemocracia capitalista* (modelo PSOE-IU-PODEMOS-ETC): Ahora imaginemos exactamente todo igual que en el punto anterior, salvo una pequeña diferencia. Los grandes jefes de la sociedad se dan cuenta de que el pueblo llano no vive demasiado bien y se proponen ofrecerles, como si de dioses sabios y beneplácitos se tratase, de ciertas ayudas y mejoras sociales para que puedan vivir un poquito mejor, pero siempre bajo el mismo sistema de explotación e intereses de unos pocos. Algo así como caridad. No se combate, por tanto, la injusticia de raíz, la desigualdad entre ciudadanos, sino que se parchean hasta cierto punto sus consecuencias sociales negativas: a saber, si eres muy mayor para trabajar la tierra te dan algo de arroz para comer, o si caes enfermo tratan de no dejarte morir de hambre, al menos por un tiempo.

¿Pero qué sucede si tratamos de hacer un cambio de fondo del sistema, algo que revolucione las vidas de las personas de dicha sociedad ganadera y agricultora? Veamos:

- *Comunismo:* Todas estas personas que se encuentran en el escalafón social más bajo, deciden que hay que volver a un sistema en el que la tierra sea propiedad de todos y donde los recursos naturales se repartan en base a las necesidades del colectivo, y no a los intereses de ciertas personas. Para ello deciden hacer una revolución comunista, que no es otra cosa que apoderarse de las herramientas de control de las clases altas y utilizarlas como medio para cambiar el sistema. De esta forma, se expropian las tierras de quienes antes sacaban provecho personal para devenirlas en propiedad colectiva, y los trabajos realizados serán gestionados de forma que contribuyan al interés general de toda la colectividad y que así nadie pase hambre.

- *Comunismo libertario o Anarquismo:* En este caso el fin último es muy similar al del comunismo, pero hay diferencias importantes. Las clases explotadas deciden cambiar la situación e iniciar una revolución. Se apropian de las tierras privadas, pero no del aparato de poder jerárquico, y se va creando un tejido laboral bajo unos principios en los que no existe la propiedad privada. Se colectiviza la tierra y se trabaja en base al interés común. La organización existe, desde luego, pero es de tipo asamblearia y siempre ligada al trabajo como centro de toda actividad humana. La colectividad trabaja por y para el grupo, en igualdad y libertad, y de nuevo se crea una sociedad sin jerarquías de ningún tipo, donde cada individuo cuenta de igual manera que el colectivo. Este es el eslogan que lo resume todo: "De cada uno según su capacidad, a cada uno según su necesidad".

Las diferencias entre anarquismo y comunismo son muchas y pocas a la vez, por algo ambos provienen en origen de la misma idea de emancipación del hombre. La principal, y de una manera muy simplista y esquematizada, es la forma en la que se pretende conseguir esa liberación del ser humano. El comunismo apuesta por utilizar todas las herramientas a su disposición para conseguir sus objetivos, es decir, la maquinaria del estado burgués para combatir así a los enemigos de los trabajadores, lo que se conoce como dictadura del proletariado, y en una última etapa, hacerlo desaparecer por resultar innecesario. Hay que señalar que esta última fase nunca ha sido alcanzada por parte de los grandes países comunistas de la historia, por lo que hablamos de algo a nivel teórico. En cuanto al anarquismo, podríamos decir que es algo que implica una dimensión más filosófica, más antropológica, de liberación, de perfección y armonización social. Aquí no necesitamos al Estado para nada, la organización se realiza en un primer momento desde abajo, de manera horizontal e igualitaria, y siempre sobre el eje central de la vida del ser humano, el trabajo, digno y libre. Uno de los mayores ejemplos de anarquismo a gran escala se produjo precisamente en España durante la Guerra Civil, especialmente en la zona de Cataluña con la organización obrera de tierras y cooperativas del trabajo, aunque finalmente, como ya sabemos, todo intento revolucionario fue cruelmente aplastado.

Cambiar cualquier aspecto de nuestras vidas de forma drástica siempre es difícil, pero,

¡QUÉ ABURRIDO SERÍA TODO DE NO HACERLO!

¡A VOTAR SE VA LEÍDO!

CAPÍTULO 9

MEDIOS DE COMUNICACIÓN Y DEMOCRACIA

ESA RELACIÓN DE AMOR-ODIO

Syriza, la gran "DesGrecia" de Marhuenda

Aquí quiero tratar una difícil relación, de esas que, de poder, necesitaría de asesor matrimonial: la de los grandes medios de comunicación –que no del periodismo– con las nuevas opciones políticas que se están abriendo en el sur de Europa. En principio podría parecer no tener demasiada relación, pero nada más lejos de la realidad. Los medios de comunicación son, como todos deberíamos de tener bien claro, macro-empresas que absorben multitud de propuestas diferentes en ámbitos como la prensa escrita, la televisión, la radio, la edición de libros, el cine, etc., y que además están integradas en una red de araña tan interconectada que incluso se hace complicado su entendimiento y análisis. Por poner un rápido y visual ejemplo, el dueño de *La Sexta*, cadena televisiva de ideología más o menos progresista, es José Manuel Lara, presidente del Grupo Planeta, y que a su vez es el mismo que edita La Razón, diario, como sabréis, de derecha católica y monárquica. Sin desmerecer esta diversidad, al final, se traduce irremediablemente en un monopolio informativo. Todos los medios, a pesar de su línea editorial, se mueven dentro de unos valores que responden a una manera de entender la economía que no es otra que la de sus dueños, la neoliberal. Todo lo que sea salirse de ese camino no va a tener cabida en estos medios –los únicos que realmente podemos denominar "de masas"–, por muy progres que parezcan ser. Y un ejemplo claro podría ser el trato que se da a países como Venezuela. Pero ya hablaré de este controvertido tema después.

Me gustaría comenzar este humilde capítulo mostrando mis más sinceros respetos a ese periodista que se ha hecho a sí mismo a lo largo de los años. Todo un profesional de la vieja escuela, que ha llegado a director de un diario tan admirado e influyente como La Razón. Me refiero, evidentemente, al inimitable Francisco Marhuenda. Y sí, esto es un alegato en su favor, porque hay que ser muy inteligente para sacar ciertas portadas y seguir pareciendo un diario medianamente serio (aunque eso es discutible, por supuesto). Recordemos algunas de sus geniales portadas, que ya forman parte del patrimonio humorístico de este país, y que no merecen ni siquiera comentarios anexos, ya que hablan por sí mismas. Si os pica la curiosidad ahí tenéis las fechas, solo hay que tirar de hemeroteca:

- 30 DE SEPTIEMBRE DE 2010. Titular: *"Fracaso de la huelga borroka"*.
  El título lo clarifica todo. Comencemos diciendo que "borroka", palabra especialmente escogida por el diario para transmitir ellos sabrán qué, no

existe en la lengua castellana, por lo que al menos podían haberla entrecomillado. Pero lo más grave no es eso. Recordemos que "borroka" procede del término "kale borroka" – la traducción del euskera vendría a ser algo así como "lucha en la calle"–, manera en la que se denominaba a las acciones que ciertas personas realizaban en el País Vasco durante las épocas de mayor violencia, como quema de contenedores, autobuses, etc. Parece, por tanto, que adjetivar de esta manera el derecho a huelga de todo ciudadano queda totalmente fuera de lugar. En la foto, por supuesto, se busca algún momento de tensión para ilustrar ese "borrokismo" piquetero.

- 20 DE JUNIO DE 2011: Miles de personas salen el 19 de junio de 2011 en las principales ciudades españolas para protestar por los recortes y la corrupción política. En la fotografía de portada del diario aparece la manifestación que tuvo lugar en Madrid. En diversos medios se habló de que La Razón hizo uso de Photoshop, ya que entre otras cosas había un ciudadano con la cabeza cortada, a lo que el diario explicó el motivo técnico de tal suceso y pidió la rectificación a quienes hicieron dichas aseveraciones. No obstante, lo que sí se puede afirmar es que el plano escogido para la foto, en comparación con otras fotografías tomadas de la manifestación, no muestra con fidelidad la cantidad de personas que acudieron a ejercer su derecho, ya que una gran parte de la masa social queda fuera de plano. A mi modo de entender, y siempre que esto se hiciera premeditadamente (algo que independientemente de lo que yo crea, desconozco), es claramente una manera de distorsionar la realidad, ocultando la verdadera magnitud del evento.

- 16 DE MARZO DE 2012. Titular: *"Los «pacifistas» de Valencia: «Asesinos, hijos de puta»"*.
Muchos recordaréis sin duda la llamada "primavera valenciana", donde los estudiantes salieron a la calle a pedir mejoras en la educación y fueron recibidos a palos por la policía, menores de edad incluidos. Bien, pues La Razón tuvo la decencia de justificar esta actuación publicando en portada fotogramas de un vídeo donde, supuestamente (y digo supuestamente porque para ello es necesario, casi, hacer un salto de fe), los estudiantes insultan a la policía. Cabe señalar que las caras de los antidisturbios, a pesar de llevar casco, están perfectamente distorsionadas, mientras que la de los estudiantes no. Para terminar, creo sinceramente que no tiene ninguna relevancia a nivel periodístico el hecho de que unos manifestantes increpen verbalmente a un cuerpo de policías antidisturbios dispuestos a cargar −si no lo estaba haciendo ya−. Por tanto, como ya he dicho, se trata de un titular que se

agarra a algo totalmente insustancial para únicamente disponer de un pretexto para criminalizar a los manifestantes y justificar la acción policial.

- 9 DE MAYO DE 2012. *"Los malos estudiantes agitan la Educación".*
Con objeto de una marcha convocada por los estudiantes, La Razón saca en portada una foto de varios de ellos junto a algunos de sus datos personales, tales como nombre y apellidos, edad, estudios, remuneración económica e incluso antecedentes policiales. Datos personales que carecen de todo valor informativo, más que para, de nuevo, criminalizar al estudiantado. ¡Todo vale!

Todas estas portadas me sirven de antesala para hablar del gran sumun de la ideologización de los medios de comunicación llevada al extremo más rancio, e incluso, contrario a los principios periodísticos, éticos y casi diría que democráticos. Porque si bien es cierto que la objetividad periodística es imposible –incluso puede que innecesaria–, no lo es menos el hecho de que hay que disponer de cierta honradez ética y valores democráticos. El hecho de que tu adversario ideológico gane unas elecciones, puede ser motivo de análisis crítico, incluso con el objetivo de desmontar abiertamente sus propuestas, pero nunca en periodismo se puede atacar gratuitamente –véase el uso indiscriminado por parte de algunos medios de palabras como "populistas" o "radicales", o incluso palabras mucho más duras e injustas como "etarras" o "terroristas"– para meter el miedo en el cuerpo a los lectores. Otra cosa es si nos metemos en el terreno de la sátira política, es decir, del humor, donde ya se juega con otras normas, pero siempre gracias al pacto que se realiza previamente con el lector, el cual conoce de antemano que no tratas de realizar un análisis serio y riguroso, sino más bien informar divirtiendo. Yo trato siempre de moverme entre estas dos aguas, el análisis serio y el humor, por si alguien aún se lo pregunta a estas alturas del libro.

Dicho lo cual, analicemos la portada de La Razón del día 26 de enero de 2015. Hagamos memoria: Syriza –o como a muchos les gusta decir, la izquierda radical (sí, ya sé que esa es la traducción)– gana las elecciones en Grecia y se queda a dos escaños de la mayoría absoluta. La Razón titula de la siguiente manera: *"DESGRECIA. Los helenos se lanzan al abismo populista".* Con dos cojones, claro que sí. Luego me querrán convencer de que esto es un titular de portada serio de un diario serio. Sobra con ver la reacción de la gente al leerlo, ya que la inmensa mayoría, aunque nos podíamos esperar cualquier cosa de este diario, pensábamos que era un *fake*, una portada falseada realizada por algún anónimo. Pero no, nada de *fakes*, era real. Este es el periodismo que tenemos en España, y el que hace que la profesión esté casi tan denostada como la política.

Yo me imagino de esta manera la charla en redacción para salir con ese titular. Cualquier parecido a la realidad es pura casualidad:

- Ey jefe, ¿unas caladitas?

- *Of course*, hermano. ¿Has pensado en la portada de hoy?

- Claro *brother*, ¡¡¡"DESGRECIA"!!!, jajaja.

- ¡Qué bueno tío! Bueno va, ahora en serio...

- En serio. ¿Te faltan huevos para publicar eso o qué?

- ¡¿Que me faltan qué?!

Pero, ¿a qué responde este tipo de actitudes agresivas por parte de los medios de comunicación hacia algunos partidos? Ya lo hemos dejado entrever. Partimos de la base real de que los grandes medios de comunicación, los importantes, los de masas, están en manos de unas pocas corporaciones y familias. ¿Esto qué supone para el ciudadano? A simple vista se le ofrece una gran oferta en contenidos y puntos de vista sobre ciertos aspectos, pero en cuanto a los grandes temas, todas las cadenas, radios y diarios forman un frente común. Ello se debe a que todos y cada uno de ellos responde a los intereses propios del capital. Existen ciertos partidos, hasta ahora minoritarios, que sí se plantean hasta cierto punto estos temas tabú, y de ahí nace la ofensiva informativa propia de otras épocas más oscuras. Pero esto lo veremos después con más detalle.

¡Ha ganado Syriza en Grecia! Y los griegos bailan y cantan *Bella Ciao* mientras disfrutan de este momento que pasará a los libros de historia. Nunca un partido de estas características, a la izquierda de la socialdemocracia clásica, pero sin salirse de ella, se había hecho con el poder en la historia moderna de Europa. De hecho en la historia moderna de Grecia siempre se había alternado entre dos grandes familias-partidos. Desde el resto del viejo continente se había fomentado, al más alto nivel institucional, toda una campaña del miedo hacia este partido de un pequeño país del este de Europa. ¿De verdad tanto miedo? Como se decía en *Astérix y Obélix*: "Una aldea poblada por irreductibles galos resiste todavía y siempre al invasor". Pues algo así es lo que sucede ahora en Grecia, o al menos es como yo quiero imaginarlo. Un país pequeñito, de unos 11 millones de personas, pone en jaque a todo un continente. Así de fuerte es el poder de la conciencia, de la dignidad de los pueblos por decidir su futro. Es precisamente eso lo que tanto teme Alemania, que Grecia pueda ser soberana y decidir su futuro independientemente de lo que digan unos señores con traje y maletines que se hacen llamar *Troika*. Todo esto en la teoría, claro, en la práctica ya estamos viendo que la cosa es bastante más compleja, ya que, como he dicho, Syriza tiene poco de izquierda radical. Y volvemos de nuevo a la lucha de clases, porque sigue estando en el trasfondo de todo este conflicto. Resulta que hacer políticas que miren en primer lugar por el bienestar de la gente, es perjudicial para bancos, especuladores financieros, políticos neoliberales y grandes empresarios. Las clases existen, pero tratan de que no seamos conscientes de ello.

No voy a entrar en profundidad en el tema Syriza, porque para eso ya está su programa electoral y su cumplimiento, o no. Lo que me interesa es precisamente eso, ver lo que hacen una vez en el poder. He de reconocer que escribo esto a pocos días de su vitoria, y no me gusta su pacto de Gobierno con un partido minoritario de la derecha griega. Evidentemente no tenían muchas opciones, pero igual podían haber hecho un esfuerzo por acercar posturas con los comunistas del KKE. Hubiera sido, al menos, menos doloroso ideológicamente hablando. Parece ser que el mayor escollo para algo así eran sus diferencias con respecto al futuro de Grecia en Europa. El KKE ya había anunciado que no apoyaría un partido que no se plantea las propias bases capitalistas, la salida de la UE y de la OTAN. Parecen asuntos irreconciliables, ya que evidentemente un partido socialdemócrata no está para esos temas, y permite contemplar un acuerdo más sencillo con la derecha, como así ha sido, siempre dispuesta a llegar al poder, y especialmente tratándose de un partido minoritario. Paradojas de la democracia capitalista.

Hagamos un ejercicio de proyección política. ¿Hasta dónde va a llegar Syriza? Personalmente, me lo planteo como algo simbólico más que como un cambio real de poder. Es evidente que implantará medidas sociales que mejoraran la calidad de vida de las personas, bienvenidas sean. Pero esto también supone un arma de doble filo, y hablaremos de ello más adelante respecto a Podemos, —o la candidatura de unidad popular de turno, ya veremos la estrategia que se sigue desde la izquierda— que podría encontrarse en una situación similar. Syriza no se plantea el orden de las cosas, la estructura interna, el funcionamiento del sistema capitalista, que es por sí mismo injusto. Por tanto, puede ser el inicio de un proceso de un nuevo acomodamiento social, en el que se vuelva a mejorar la calidad de vida de la ciudadanía hasta un nivel que permita que la gente deje de plantearse todas estas cuestiones fundamentales. Pongámonos en esta circunstancia:

> Pensemos que la crisis no ha existido, o que salimos de ella y volvemos al estado del 2005. Nuestra sociedad vive más o menos bien, con sus deficiencias y exclusiones típicas del capitalismo, pero en

general, a simple vista, todo es correcto. Pero sucede que el citado sistema económico siempre saca provecho de alguien, porque es inherente a sí mismo el aumentar la rentabilidad cada vez más. Quizá en nuestras sociedades europeas la balanza esté algo más nivelada, pero pensemos en los efectos que tiene nuestro sistema en otras regiones. Un ejemplo sencillo es África. Nuestro ritmo de vida y de consumo nos lleva a querer y desear cientos de productos tecnológicos nuevos cada año, en general innecesarios. En los tiempos que corren puede ser más o menos indispensable tener un móvil, no lo voy a discutir, pero no cambiarlo cada año por uno teóricamente algo mejor. Toda esta tecnología necesita de un mineral llamado Coltán y que se encuentra mayoritariamente en las grandes minas del Congo. Bien, pues nuestro capricho "primermundista" de cambiar de móvil, de tableta, de ordenador, etc., lleva a este país a una situación de constante guerra entre facciones, asesinatos, miseria, trabajos mineros que rozan el esclavismo, y sobre todo, el enriquecimiento de todas las empresas extranjeras –a algunas de las cuales adoramos casi como si de una religión se tratara– que hacen negocios con el beneplácito de ciertos poderes políticos.

Comencé hablando de los medios de comunicación, después de Syriza y finalmente del sistema capitalista. Como veis todo está interconectado, nada se deja al azar. Parece que la victoria de Syriza y el auge de Podemos son pequeños pasitos para la izquierda que han removido muchas tripas. Imaginad por un momento que la izquierda real –no la socialdemócrata– tuviera opciones de cambiar el mundo, de dárselo a los pobres, a los desposeídos. ¿Pensáis que se iban a quedar cruzados de brazos? Los estamos escuchando gritar, patalear y lloriquear. Tienen miedo.

Que se escuche la voz del pueblo,

Y NO LA DE LOS DUEÑOS DE LOS MEDIOS.

Venezuela, esa dictadura demoníaca que alborota a la caverna mediática

¿Qué pasaría en el mundo si empezáramos a pensar por nosotros mismos?, ¿si no dejásemos que nos engañaran, que nos manipularan e incluso adoctrinaran? Si esto ocurriera, es decir, si fuéramos hombres y mujeres de mentes libres con una educación enfocada a crear ciudadanos críticos, el mundo no se parecería en nada al actual. Unicornios de colores sobrevolarían nuestros cielos y podríamos montar en ellos para viajar grandes distancias en pocos segundos.

Qué bonito seria todo. Pero queda mucho para alcanzar ese mundo ideal. Es tremendamente difícil, casi utópico, como los unicornios. Tenemos dogmas, prejuicios y tabús. ¿Nacemos ya con ellos? Por supuesto que no, son adquiridos, todos ellos. Nos imponen doctrinas, pensamientos inhumanos que quieren hacer pasar por racionales, y un sentido común que desafía las más elementales leyes de la lógica. Y generalmente no oponemos mucha resistencia a ello.

En el subcapítulo anterior hemos desarrollado un poco el tema de los medios de comunicación y su tendencia natural hacia la manipulación –o moldeado de la realidad, si os suena menos duro–. Hay un esquema muy sencillo para entender esto:

Los medios de comunicación tienen fuertes intereses basados en el capital

=

Cualquier alternativa al capitalismo debe ser combatida

=

Los medios de comunicación tienen las herramientas para hacerlo.

A estas alturas todo esto ya debería estar bastante claro, pero para algún rezagado que aún se pregunte

¿Pero por qué los medios de comunicación prefieren el capitalismo? Pues muy sencillo, es el medio económico en el que han desarrollado su actividad a lo largo de la historia, y gracias al cual han podido acaparar en poquitas manos muchos recursos, es decir, mucho capital. Además, esto lo han conseguido, especialmente en los últimos años, gracias en parte a invadirnos mediante publicidad y contenidos basura. Pongamos el ejemplo de la cadena de televisión que todos tenemos en la cabeza, sí, la de los "experimentos sociológicos". Esta telebasura no responde únicamente a un objetivo puramente de audiencia y de darle al público lo que pide, que también. El otro gran *leitmotiv* es la desmovilización intelectual de la ciudadanía. Ya sabéis, aquello de pan y circo. Hemos de recordar que la información veraz y de calidad es un derecho básico, no un mero servicio en manos privadas. Llamadme loco, pero soy de esa extraña opinión de que los derechos elementales de los ciudadanos nunca deberían entrar en el juego del capital. ¿Por qué? Evidentemente porque el capitalismo no busca el beneficio social, sino el enriquecimiento de unos pocos afortunados. Si no entendemos algo tan primario, jamás tendremos una visión realista y crítica del mundo en el que vivimos. El partido de Pablo Iglesias propuso con la boca pequeña algún tipo de reforma para regular el derecho a la información en los grandes medios, y todo el mundo se le echó encima, periodistas incluidos, tachándolos de poco menos que futuros dictadores autoritarios al estilo chavista. Pero por contra, que la información esté en manos de los intereses del capital no nos preocupa lo más mínimo.

Una vez recordado todo esto, analicemos el gran paradigma de la manipulación mediática en la época moderna y pensemos: ¿Qué conocemos realmente de Venezuela? ¿A través de qué vías nos llega esa información, y qué intereses tienen dichos medios? ¿Nos hemos molestado en buscar información en medios alternativos? Os pido que desechemos la absurda y extendida idea de "si lo ha dicho la tele será verdad". Por favor, no pequemos de ingenuos, que ya tenemos una edad. La televisión manipula, igual que cualquier gran medio de comunicación que esté en manos de unos intereses puramente económicos. Como decía el grupo de rock *Maniática*: "La televisión le quita el color, como la droga dura, y ya no sientes nada". Y sí, se trata de una especie de droga que hay que aprender a consumir o se nos irá de las manos.

Veamos hechos históricos y objetivos. A finales del año 1958 cayó en Venezuela la dictadura de Marcos Evangelista Pérez Jiménez, uno más de los muchos caudillos que se hicieron con el poder en Latinoamérica por aquellos años. Por analogía con España, me gustaría señalar que dicho personaje también aprobó una ley que aquí conocimos muy bien: la Ley de vagos y maleantes. Tras esta etapa, se inició un proceso de "transición democrática" en la que dos partidos se irían alternando en el poder, AD (Acción Democrática) y COPEI. ¿Os suena de algo? Sí, otro modelo bipartidista.

Una historia muy similar a la española. No obstante, durante esta época sucedieron una serie de acontecimientos que ponen en duda su misma legitimidad democrática:

- *Masacre del Carupanazo:* El 3 de mayo de 1962, durante la presidencia de Rómulo Betancourt (Acción Democrática), supuesto líder de la izquierda venezolana y para muchos padre de la democracia –¿también os suena esto?–, se produce la sublevación del Batallón Nº 3 de la infantería y del Destacamento Nº 77 de la Guardia Nacional. La decisión de Betancourt fue enviar al ejército con un resultado de 2.000 muertos y más de 1.000 prisioneros. Las consecuencias políticas pasaron por acusar de la sublevación al Partido Comunista de Venezuela (PCV) y al MIR (Movimiento de Izquierda Revolucionaria), este último resultado en 1960 de la división del propio AD, ilegalizándolos y sacándolos de esta forma de la vida política del país. Dos años antes, en 1960, ya se había producido en la ciudad de Barcelona (Venezuela) un alzamiento contra el gobierno de Rómulo Betancourt. Entonces, se detuvieron y asesinaron a 21 personas.

- *Masacre del Caracazo:* El 27 de febrero de 1989, durante la presidencia de Carlos Andrés Pérez (AD), se producen en Caracas una serie de protestas civiles debido a la imposición de una serie de medidas neoliberales propuestas por el

FMI (Fondo Monetario Internacional), como es la subida del precio del transporte público. Es decretado el toque de queda y los militares se hacen con la ciudad, disponiendo además de autorización para el uso de fuego real. Las muertes oscilan según las fuentes, pero se habla de un balance entre 400 y 10.000. Por tanto podemos concluir que se trata de una reacción digna de cualquier gobierno democrático, ¿verdad?

- *Intento de derrocamiento de Carlos Andrés Pérez:* ¿Se puede hablar de esta sublevación como una reacción ante la situación que vivía el país? Veamos. En febrero de 1992 se produce una acción militar, encabezada por el comandante Hugo Chávez, con la pretensión de derrocar al Gobierno. El alzamiento fracasó, y Chávez, que contaba con el apoyo de parte del ejército, se entregó y lanzó por televisión un mensaje de pacificación para evitar el derramamiento de sangre, a la vez que se declaraba responsable de dicha sublevación. Debemos anotar que la ciudadanía venezolana, al igual que la española en la actualidad, no estaba acostumbrada a que alguien aceptara las consecuencias de sus actos asumiendo en su persona toda la responsabilidad. La frase de Chávez fue: "Por ahora no se lograron los objetivos". Esto dejaba una pequeña esperanza para el cambio futuro.

Todas estas muertes por parte de la administración venezolana y muchas más que me dejo en el tintero tuvieron lugar durante la supuesta democracia que existía en Venezuela antes de Hugo Chávez. Se trata, pues, de una visión rápida de una serie de acontecimientos –asesinatos y masacres– que pueden hacernos ver cuál era el concepto de democracia de los dirigentes venezolanos. Aun así, y aunque estos hechos no necesiten de argumentos de apoyo, ya que hablan por sí mismos, más tarde veremos la llegada al poder de la revolución bolivariana y de qué manera cambió la situación del país en sus diferentes aspectos: pobreza, sanidad, educación, etc.

Antes de eso haré referencia a una de mis fuentes indiscutibles a la hora de escribir este libro. Se trata del periodista Pascual Serrano, y su fantástico libro "Desinformación. Cómo los medios ocultan el mundo". Comienzo recomendando encarecidamente su lectura y subrayando el título que pone al tercer capítulo del mismo: "América latina, ¡que viene el populismo!". Pues fue publicado en el año 2009. Efectivamente, parece que a España también está llegando, o al menos eso dicen los grandes medios de comunicación y la vieja política. Pero, ¿qué es el populismo? Porque me da la sensación de que todo el mundo usa la palabrita de moda pero nadie lo sabe exactamente. ¿Populismo es ser popular? ¿Populismo es llevar un chándal con los colores de tu país? Podríamos decir que se trata del arte de prometer lo que la ciudadanía quiere oír con fines meramente electoralistas. ¿Estamos de acuerdo? Bien. Entonces, ¿qué era el PP cuando prometía que no iba a subir los impuestos, que iba a bajar el paro, que no iba a tocar la educación, ni la sanidad, ni las pensiones?, ¿era eso populismo? Reflexionen ustedes.

Volviendo al tema del gran infierno sobre la tierra, Venezuela. En el año 1996, Carlos Andrés Pérez –el señor de las masacres, la corrupción y la añorada "etapa democrática"– fue condenado por malversación y sustracción de fondos públicos. Hasta el año 2010, en el que falleció, estuvo fugado en la ciudad de Miami, pese a que tenía una petición oficial de extradición. Esto también nos resulta familiar por estos lares, con los casos de torturadores franquistas, como *Billy el niño*, que la justicia argentina pretendía juzgar, y a lo que el Gobierno español ha respondido, de forma muy democrática, que "Nanai de la China".

El dato cultureta: Nanai no viene de nada, como podríamos pensar, sino que los Nanai son una etnia muy minoritaria que reside en China. Otra variante es "naranjas de la China", la cual responde al hecho de que en occidente no creyéramos del todo lo que se contaba sobre aquella variedad de naranjas más pequeñas, finas y lisas que procedían de oriente.

Pero, ¿qué hizo Chávez nada más llegar al poder? ¿Cuáles fueron sus primeras medidas? En diciembre de 2001 aprobó un total de 49 decretos leyes, lo cual sirvió para que se le volviera a tachar de totalitario. Pero para poder discernir con mayor claridad veamos en qué consistieron algunos de ellos:

- *Ley de Tierras y Desarrollo Agrario:* Se elimina el latifundio –finca rústica de gran extensión– por ser injusto para con la sociedad, ya que el 10% de los propietarios disponían del 70% de las tierras cultivables. Se declaran todos estos terrenos expropiables para el uso de los campesinos sin tierra, estableciendo además la autogestión mediante cooperativas. Un punto a tener en cuenta en la adjudicación de tierras es la prioridad para las mujeres cabeza de familia.

- *Ley Orgánica de Hidrocarburos:* Los inversores extranjeros pasan a tributar del 16% al 30% Es decir, si se quiere extraer beneficio desde fuera del país de los recursos naturales propios de Venezuela, deberán pagar más impuestos.

- *Ley de Costas:* Toda la franja costera, así como lagos y ríos, pasa a ser territorio protegido por el Gobierno. La intención es claramente proteger el patrimonio natural y el medioambiente del país para tratar de crear un desarrollo sostenible.

- *Ley de pesca:* Esta medida busca fomentar el oficio tradicional y artesanal de la pesca por encima de la explotación industrial, y por tanto, el gran impacto medioambiental que produce en el ecosistema marino. La solución es ampliar de tres a seis millas desde la costa la zona de trabajo para pequeños pescadores. A partir de ahí trabajarán los grandes buques pesqueros industriales.

Se trata de tan solo cuatro ejemplos, pero ya suponen toda una declaración de intenciones, y como podréis imaginar, no es el tipo de decisiones que te crea muchos amigos en el exterior. No obstante, estas reformas, así como el resto de cambios y mejoras sociales que el gobierno de Venezuela ha ido consiguiendo con el paso de los años, no son mostradas a la opinión pública española —ni a la europea, ni a la norteamericana—. Esto se consigue en gran medida mediante el método de "silencio/portada", que además de manipular la realidad, permite a los medios hacerlo de tal manera que nadie te pueda acusar formalmente de ello. Cualquier dato positivo es silenciado sistemáticamente, mientras que a la mínima oportunidad de ensalzamiento de cualquier aspecto mínimamente negativo que se produzca, portada al canto. Dicho de otro modo: Si Chávez construye miles de viviendas sociales, no es noticia y evidentemente no aparecerá en los medios occidentales, pero si le dice a Bush —¿es necesario recordar quién es este señor?— que se vaya al carajo, es portada en medio mundo.

Periodismo bueno, bonito y barato.

Para terminar veamos algunos datos clave de la política bolivariana que nos permitan analizar mejor, y de forma lo más objetiva posible, cómo ha evolucionado la sociedad venezolana durante estos años de revolución pacífica. ¿A mejor, a peor, según para quién?, hagan sus apuestas:

- *Lucha contra la pobreza y la exclusión:* Una de las razones que mayor fuerza cogen a la hora de entender el apoyo del pueblo venezolano a la revolución bolivariana es la lucha contra la pobreza. Según datos del banco mundial, en 2003 Venezuela se encontraba a unos niveles del 62'1% de pobreza, consiguiendo rebajar esa cifra hasta el 25'4% en el 2012, un descenso brutal en tan solo 9 años. Evidentemente, cuanto más se reduzca y se vaya acercando a unos niveles bajos, más difícil será mantener ese ritmo de caída, pero el desplome de este índice, y por tanto la voluntad política para ello, es indudable. De hecho la ONU aseveró en un informe que Venezuela es el país con menos desigualdad de toda América Latina. Además, cabe mencionar que la desnutrición ha sido prácticamente erradicada, poniéndola en los mismos niveles que Europa o EE.UU. Por el contrario, y ya que nos gusta tanto compararnos con Venezuela, en España la brecha de la desigualdad está creciendo, por lo que estamos hablando de tendencias totalmente opuestas. El mejor indicador para este último dato es salir a la calle y abrir los ojos.

- *Sanidad:* En el año 1998 el Gobierno de Venezuela gastaba aproximadamente 176 dólares por ciudadano en este concepto. En 2012 la cifra subió a 663 dólares. En España podemos afirmar que tras excluir a los inmigrantes, tratar de privatizar hospitales, despedir a muchos profesionales, hacer inaccesibles ciertos medicamentos o generar colas de espera de años..., tenemos una sanidad deplorable, siempre comparada con la que teníamos hace no tanto tiempo.

- *Educación:* La Unesco ha declarado a Venezuela libre de analfabetismo por haber caído por debajo del 5%, un porcentaje muy similar al español. Como dato interesante, señalar que en el mundo existen países pobres como Cuba – otro de los históricamente maltratados por los medios– que tienen una tasa de alfabetización superior a España. Algún mérito habrá que atribuirles.

Pero, ¿Cómo es posible que un país pobre haya podido realizar todos estas mejoras sociales sin hundir su economía, y además con el acoso constante de EE.UU. y Europa? Es evidente que se trata de un país con grandes reservas de petróleo, y eso les da un punto a su favor. Pero como contrapunto hay que señalar que, prácticamente desde la proclamación de la república bolivariana de Venezuela, el país se encuentra bajo un constante acoso e intentos desestabilizadores, tanto por los enemigos externos como por los internos. De hecho suelen aunar fuerzas para tan digna labor. Los intereses económicos que despierta un país como Venezuela son demasiado elevados como para permitir que salga del juego capitalista de occidente. Ya sucedió en Chile con Allende. No hay mejor manera para hacer caer gobiernos legítimos que desestabilizarlo económica y, por ende, socialmente. En esa coyuntura se encuentra Venezuela en la actualidad, y con grandes dificultades sigue resistiendo a caer, a rendirse al juego que el capital nos impone a todos. Veremos cómo evoluciona todo esto. Lo que es ya innegable es que:

Primero Cuba, y después Venezuela, mostraron a toda Latinoamérica que

HAY CAMINOS MUCHO MÁS DIGNOS.

CAPÍTULO 10

¿PODEMOS?

SÍ, PODEMOS ABRAZAR EL DISCURSO SOCIALDEMÓCRATA

Génesis

Como todos sabéis, el día 15 de Marzo de 2011 (¡Cómo pasa el tiempo!) se produjo algo totalmente inesperado que dio la vuelta al mundo, tanto para la clase política como para los propios ciudadanos. Como si de *Boy Scouts* urbanos se tratase, las plazas de todo el país se llenaron de gente que decidió acampar de forma indefinida. A veces me pregunto cómo clavaron las piquetas, porque si sobre tierra puede hacerse complicado, sobre cemento ya... El hecho es que surgió este nuevo tipo de protesta social de forma más o menos espontánea. Comenzó en Madrid, pero acabó extendiéndose por el mundo entero. Por fin exportamos algo interesante.

Estos acontecimientos fueron recibidos, de primeras, con una gran alegría por la inmensa mayoría de la izquierda española, y no me refiero solo a los partidos, quienes por supuesto enseguida trataron de subirse al carro, sino a todo tipo de movimientos políticos de base, así como personas de diferentes sensibilidades políticas que a título individual se alegraban de tal politización callejera y ciudadana. El mundo entero nos miraba, querían saber lo que sucedía en España. Todos fuimos a esas plazas a ver lo que acontecía, a ayudar en lo posible, a llevar mantas, comida, tiendas, en definitiva, a participar de algo que aún no se sabía bien lo que era. Se hacían asambleas donde se decidían todos los aspectos del movimiento, se acercaban reconocidos grupos de música a tocar gratuitamente, y los ciudadanos podían dar su opinión, independientemente de que formasen parte de algún movimiento político o no.

Todo el mundo estaba invitado a participar. Esto es algo a lo que, por principio, nadie se puede oponer, es decir, por primera vez una amplia ciudadanía que nunca se habían involucrado en política salía a la calle. Era algo a celebrar, desde luego. Antes de que surgiera este movimiento de base, se tachaba a los jóvenes de inmovilistas, se hablaba de generación perdida, que no luchaba, que no cogía las riendas de su futuro y de su sociedad. Pero no todo era tan bonito como parecía. El hecho objetivamente positivo de que tantos ciudadanos se uniesen a este grito de esperanza –muchos sin formación política, movidos por la ilusión de un cambio–, hizo que surgiera una especie de pseudo-ideología que sigue muy vigente a día de hoy y que la podríamos resumir en este tipo de frases:

"No somos ni de izquierdas ni de derechas, somos los de abajo".

Como veremos después, el partido político Podemos ha bebido mucho de esto, creando frases tan políticamente ambiguas como:

"Estamos en la centralidad del tablero".

"Nuestras medidas son las del sentido común".

"Representamos a todos los ciudadanos, independientemente de su ideología".

"Ciudadanos contra casta".

(Eufemismo para no decir proletariado contra burguesía).

Pero dejemos de momento a Podemos y volvamos a la primera frase: *"No somos ni de izquierdas ni de derechas, somos los de abajo"*. Aunque no lo parezca, es un concepto muy peligroso. Se trata de una proclama que en principio no debería de tener ningún tipo de carga negativa, pero lleva implícito un mensaje que en cierta manera reniega de la historia y la tradición de luchas políticas. Puede hacernos pensar que no es necesario seguir en la misma línea combativa de nuestros padres y abuelos, y llevarnos así a la misma negación de la existencia de las clases sociales. Además tiene el problema de contribuir a prolongar el desconocimiento histórico entre la clase obrera.

Vivimos en unos tiempos donde todo es prisa; queremos las cosas al instante, rápidas, fáciles, mascaditas. No queremos complicaciones. ¿Para qué molestarnos en leer los tres tomos de *El capital* de Marx? Demasiado tiempo perdido, demasiado esfuerzo. Parece que los nuevos tiempos exigen la simplificación del mensaje a su máxima expresión, y eso es lo que parece que le está funcionando a ciertos partidos. Caminamos, pues, hacia una sociedad indignada pero con una grave carencia formativa. Curiosamente, dicen, somos la generación más preparada de la historia, pero desde luego no en estos menesteres.

El dato cultureta: El ensayo *El capital* de Karl Marx, cuyo primer tomo fue publicado por primera vez en el año 1867, es una de las obras cumbre de finales del siglo XIX que más influyó en el devenir del siglo XX. Supone un análisis exhaustivo de la economía capitalista, su funcionamiento, sus lógicas e ilógicas, sus prioridades, su evolución, etc. Nada mejor que esta densísima lectura de tres tomos –aunque se pueden encontrar versiones resumidas mucho más accesibles– para llegar por uno mismo a la conclusión de que el capitalismo es un sistema anti-humano.

Un problema sumado a este tipo de mensajes ambiguos o simplificados, es ofrecer a la derecha el gran argumento con el que han ido atacando desde los medios y desde el poder a este tipo de propuestas. Se basa en la analogía con el fascismo. Antes de nada debo aclarar que cualquier parecido es pura ficción, pero sí es cierto que el fascismo iniciaba sus pasos para la llegada al poder dentro de la ambigüedad política. En el caso de Hitler, por ejemplo, acabar con el enorme desempleo que había en Alemania. ¿Era, por tanto, Hitler un populista? La verdad que me hace gracia la simple idea de realizar este tipo de comparativas. Pero que nadie me malinterprete. Jamás osaría a comparar el 15M con movimientos de extrema derecha, ni mucho menos, pero sí entiendo –que no comparto– que esta ambigüedad y carencia de formación política lleve a la derecha a acusar a este tipo de movimientos de poco menos que fascistas. Un total sinsentido.

Todo esto hizo que la izquierda tradicional, la de toda la vida, comenzara a mirar con cierto recelo el movimiento. Al fin y al cabo se trata de gente que lleva años a sus espaldas de trabajo y lucha, día a día, saliendo a la calle a protestar en cada manifestación, en cada huelga, apoyando colectivos desfavorecidos, organizando actos, leyendo, formándose, realizando campañas de concienciación sobre temas importantes, y un largo etcétera. El sentimiento era: "Sí, está muy bien que la gente salga por fin a la calle, cosa que hace unos años era impensable, pero no disponen de una formación que les permita llevar a cabo una lucha consecuente con las ideas propias de la izquierda". Y como ya he dicho, eso puede ser peligroso, ya que cuando existe una masa grande de personas descontentas sin una formación política fuerte, se corre el peligro de que aparezca algún salva-patrias que movilice todo ese descontento. Y no estoy pensando ni en Pablo Iglesias ni en Albert Rivera, aunque hay algo de esto detrás de su tremendo éxito. Desde luego, han sabido canalizar a todas estas personas, cosa que los partidos tradicionales no –véase IU, tocada de muerte–. Pero tomemos un respiro y veamos brevemente qué cosas se dijeron desde la política y los medios de comunicación sobre el 15M:

La Razón, 20 de mayo de 2011:

"Boicot a la democracia".

Esperanza Aguirre, 26 de septiembre de 2011:

"Indignados, camorristas y pendencieros que abogan por un principio de democracia directa bajo el que se puede esconder un golpe de Estado".

José María Aznar

"No es más que un movimiento marginal antisistema, vinculado a grupos de extrema izquierda. Su representatividad no es importante en la vida española".

Qué decir. La Razón en su línea. Aznar todo un visionario, como cuando predijo la existencia de armas de destrucción masiva en Irak y los mismos americanos se reían de él –y por ende de todos los españoles–. Aguirre tan reaccionaria como siempre. Me da especialmente rabia cuando en cualquier tertulia la tachan de "animal político" o de "madrileña de raza", como si ese tipo de actitud y forma de hacer tuviera que representar al global de los madrileños. Con esto, los medios consiguen personalizar en ella una supuesta falsa esencia madrileña que debería de existir en quienes hayan nacido en la capital. Un estigma para los madrileños que lamentablemente parece muy útil electoralmente, aunque me alegro en exceso de la hostia que se ha pegado en las últimas municipales.

Aún podemos recordar aquello que los políticos decían desde sus poltronas: "Si quieren cambiar las cosas que se presenten a las elecciones". Pues ahora que están los Pablo Iglesias, los Ada Colau –de donde han surgido los Ganemos–, o los Manuela Carmena, pero claro, le están viendo las orejas al lobo y han cambiado de estrategia. Ahora simplemente se centran en buscar tres pies al gato para poder criticar cualquier aspecto de estas nuevas formaciones, sea o no procedente, ilegal o no, como el caso Monedero –que no entraré a juzgar si es moralmente reprochable o no–. Desde luego, lo que no es moral es que el gobierno del PP ataque de esa forma a Monedero mientras tienen a gente como Rato o Bárcenas haciendo de las suyas.

Finalmente, y como gloriosa conclusión, creo que es evidente que todo este circo es resultado de aquello que se suele decir:

El miedo está cambiando de bando,

EN EL PPSOE SE ESTÁN HACIENDO CAQUITA.

Podemos se desinfla

Rara vez habremos visto a lo largo de nuestra vida un placaje tan devastador sobre un partido político que despunta. Siempre han existido críticas, peleas de patio entre las diferentes opciones, pero esta vez ha sido algo digno de un estudio más minucioso. Podemos la estaba petando, y las encuestas comenzaban a ponerlos como primera fuerza política a nivel estatal. Ante tal susto, se puso en marcha la peor cara de la democracia, de la oposición y de los medios de información. Carta blanca contra Podemos. Incluso la maquinaria del estado, mediante el ministro de hacienda Montoro, formó parte de esta particular lapidación pública, ofreciendo datos fiscales de un ciudadano particular, el señor Monedero, como si de una caza de brujas se tratara: "¡A la hoguera, es un radical de Izquierdas que busca el poder!, ¡nuestro poder!". Pocos meses después saldrían a la luz ciertos chanchullos de una empresa que el propio Montoro fundó y que abandonó en 2008. Ante esto el propio ministro diría: "A ver si va a ser delito tener una empresa"; pues parece que si eres de izquierdas sí lo es.

O como ya hemos señalado, el alarmante caso de Rodrigo Rato y su particular síndrome de Diógenes, con la diferencia de que en lugar de acaparar en España, lo hace en decenas de cuentas bancarias repartidas por todo el mundo.

Pero sí, de la noche a la mañana, el número tres de Podemos, Juan Carlos Monedero, se convirtió en el mismísimo diablo, en la encarnación de la corrupción en España. No seré yo, a estas alturas, quien defienda ciertas actitudes de Podemos, pero desde luego hay que denunciar el doble rasero moral que existe en la política actual. Monedero realizó unos trabajos que cobró y de los cuales cotizó a Hacienda mediante una empresa. Esto es perfectamente legal, por tanto lo que se le achaca es algo que entra dentro del ámbito moral, pero disfrazándolo en la medida de lo posible de acto deleznable. Sucede que la ley que permite este tipo de prácticas la han creado y la consienten ellos, los políticos, para los chanchullos de sus amiguitos empresarios, pero claro, que lo haga Monederos eso sí que no. ¿Es correcto moralmente que cotizara como empresa en lugar de como autónomo? El motivo es que las empresas cotizan a un porcentaje mucho más bajo. Quizá de todo esto deberíamos extraer la conclusión de que no puede ser que un autónomo o incluso un asalariado puedan llegar a pagar en impuestos porcentajes obscenamente más elevados que muchas empresas multinacionales que facturan millones de euros. Es un sinsentido, y por tanto algo falla en el sistema fiscal. Y esto se permite porque el sistema capitalista beneficia a los grandes frente al pequeño. Pero volvamos a la moralidad, porque parece que la izquierda debe ser pobre para ser auténtica. Al escuchar las tertulias de televisión se insinuaba poco menos que Monedero no podía tener en su cuenta tal cantidad de dinero, porque es de izquierdas, y claro, eso produce un conflicto moral que se extendía a toda su formación política. Es evidente que quieren que los de izquierdas sigamos siendo pobres, porque eso limita nuestra capacidad de acción y por tanto nos mantiene donde debemos estar: fuera de donde se toman las decisiones. Hay una gran diferencia entre hacerse rico, y luchar por el reparto de la riqueza y la dignidad material de las personas. El grupo de rap combativo, *Los chikos del maíz*, asevera muy acertadamente en una de sus canciones:

"Somos comunistas, no templarios con voto de pobreza".

Más claro agua.

Pero este frenazo que ha experimentado Podemos no es solo fruto del ataque o la manipulación, sino resultado de su política de ambigüedad para llegar al mayor número posible de electores. Esto tiene la clara ventaja de ampliar el espectro de votantes, pero por otra parte la izquierda tradicional es muy crítica con este tipo de jugadas. Es decir, han sacrificado a gran parte del votante que por afinidad política podía apoyarles, para cambiarlo por el voto del ciudadano descontento de amplio espectro ideológico –o directamente carente de ideología–. Veremos si les sale bien la jugada, de momento en las municipales y autonómicas podríamos decir que no lo han petado tanto como esperaban en un primer momento, aunque tampoco les ha ido mal. Lo que queda claro es que este es uno de los mayores problemas de Podemos: su lenguaje. No hay persona que haya moderado más su discurso en apenas un año que Pablo Iglesias. Antes de formar Podemos, él hablaba abiertamente y sin tapujos de salirse del euro como opción viable, de salir de la OTAN, del impago de la deuda ilegítima, o de las bondades de la revolución bolivariana. ¿De todo esto qué ha quedado un año después en su discurso político? Pues prácticamente nada. ¿Tanto puede cambiar en tan solo un año la ideología de una persona? Evidentemente no. Se trata de una estrategia, de una moderación autoimpuesta, puro marketing; aquello de que con el comunismo en la boca no se ganan unas elecciones. ¿Y cómo llamamos a eso en la izquierda? Venderse a la socialdemocracia:

- *Ya no existe la lucha de clases:* ¿Burguesía contra proletariado? Bah, eso está pasado de moda. Ahora en Podemos nos quieren convencer de que lo realmente importante es entender el esquema ciudadanos contra casta, o en su defecto, los de abajo contra los de arriba. Bonitos eufemismos para no llamar a las cosas por su nombre. Siempre ha sido, y es, lucha de clases, y disfrazarla no resuelve el problema.

- *¿Comunistas nosotros?:* Podemos no son comunistas, o al menos odiarían que puedas llegar a esa conclusión. De hecho, a día de hoy se me hace bien difícil pensar en esta posibilidad. Ellos no hablan apenas de ideología, ni de lucha contra el capital, ni de lucha de clases, ni de proletariado ni nada que se le acerque. Su mayor baza en cualquier discurso es la ciudadanía descontenta y el sentido común. De esta forma evitan posicionarse ideológicamente y consiguen que les vote tanto el joven revolucionario, como el facha de turno que anda algo desorientado.

- *Donde dije digo Diego:* Pues eso, de golpe han pasado de ser los más revolucionarios del lugar, a desdecirse de todo cuanto proponían hace apenas un año. Recuerdo la famosa renta básica que garantizaría a todos los ciudadanos una vida digna, que ahora han suavizado, y de la que estuvieron muchos meses sin decir absolutamente nada. Hay muchos más ejemplos: el pago de la deuda, la salida del euro, Venezuela, ¿la monarquía? Porque no vale únicamente con regalarle a Felipe VI la serie *Juego de tronos*, por muy buen ejercicio de marketing que sea.

El dato cultureta: Juego de tronos es una serie producida por la HBO que comenzó a emitirse el año 2011. Su argumento se contextualiza en un mundo alternativo, en el continente de Poniente, que vive en una edad media similar a la que vivieron nuestros ancestros. Existen siete reinos bajo el control de uno de ellos, y esto lleva a los diferentes reyes y nobles a urdir todo tipo de tramas para hacerse con el control del llamado "Trono de Hierro". Pablo Iglesias siempre ha declarado que es su serie favorita, y se la regaló al Rey Felipe VI por reflejar muy bien la lucha de poderes que nos ha llevado a la actual situación de crisis.

- *¿Venezuela? Ah sí, ese país que encarcela alcaldes:* Los dirigentes de Podemos, antes de su meteórico ascenso en las encuestas, eran claros defensores de las políticas bolivarianas. Entonces, ¿qué ha sucedido? El propio Pablo Iglesias declara que no le parece bien que se encarcele a políticos de la oposición, así, en general, en ningún país del mundo. Yo me lo imagino con las manos detrás de la espalda y cruzando los dedos como los niños pequeños, porque de no ser así no entiendo nada. Pero aclaremos una cosa: si un político de la oposición, en cualquier país del mundo, comete un delito grave, ¿no hay que juzgarlo?, ¿no hay que encarcelarlo?, ¿es eso lo que tratáis de decir? Todo muy coherente, claro que sí. El caso es que después, Podemos –junto a IU– vota en contra en el parlamento europeo de una resolución que condena dichos actos llevados a cabo en Venezuela. Cuando les preguntan sobre esta decisión en algún programa de televisión se les ve realmente incómodos, evaden la pregunta, se salen por la tangente.

Las elecciones andaluzas eran la primera gran prueba de fuego de Podemos, y el sabor es agridulce: agrio porque 15 escaños es menos de lo que esperaban, y dulce porque triplicarlos desde las europeas es todo un logro. Si bien es cierto que se trata de un territorio muy peculiar, históricamente feudo del PSOE, no deja de ser un pulso de fuerza. En las autonómicas y municipales igualmente se vio que todavía no tienen la fuerza necesaria para disputar el poder en las próximas Generales. Parece evidente que Podemos ha perdido fuelle. Aquel ímpetu casi propio de los dioses de la antigua Atenas ya no se respira, y se debe esencialmente a los dos tipos de factores que ya hemos comentado, externos e internos. El partido de Pablo Iglesias ha sido atacado brutalmente desde todas partes para tratar de deslegitimizar su lucha, y a su vez ellos mismos no han sabido mantener un discurso ideológico donde el votante de izquierdas –y no nos engañemos, este debería de ser su *target* objetivo– se sienta realmente cómodo. Ciudadanos está siendo el gran beneficiado, a pesar de no reconocer el derecho a la sanidad de los "sin papeles" o de querer subir el IVA a productos básicos como el pan. Tiremos de refranero popular:

Podemos no es la reencarnación del demonio, pero,

"EL QUE MUCHO ABARCA, POCO APRIETA".

¡A VOTAR SE VA LEÍDO!

CAPÍTULO 11

HEMOS VIVIDO POR ENCIMA DE NUESTRAS POSIBILIDADES

AHORA PENSEMOS POR ENCIMA DE LAS SUYAS

Lo hemos escuchado hasta la saciedad, como si se tratara de la mayor verdad absoluta, incuestionable y reveladora, que el mundo moderno haya conocido: "Hemos vivido por encima de nuestras posibilidades". Nosotros, la gente de a pie, las capas bajas de la sociedad, los que llevamos años sufriendo las consecuencias de la crisis, los que estamos pagando el desempleo, los que nos quedamos sin casa por los desahucios, los que tenemos que esperar meses para ir al médico, los que aguantamos que nuestros hijos estudien en pésimas condiciones, los que buscamos en la basura y vivimos de la pensión del abuelo, los que hemos sido engañados con las preferentes y hemos pecado de creer en esta sucia democracia. Nadie lo dijo tan bien como el tristemente fallecido Eduardo Galeano: "Los nadies: los hijos de nadie, los dueños de nada. Los nadies: los ningunos, los ninguneados, corriendo la liebre, muriendo la vida, jodidos, rejodidos: Que no son, aunque sean". Nosotros, los nadies de Galeano, somos los culpables, por haber vivido por encima de nuestras posibilidades. Ese es el mensaje político que nos llega desde arriba, desde la casta apoltronada, desde esa mafia que trata de inducirnos la responsabilidad de todo, de esa gentuza que roba a manos llenas, con su dinero bien guardado en paraísos fiscales. "Somos malas personas, hemos querido más de lo que merecíamos", nos dicen. Esa es la síntesis que quieren meter en nuestras cabezas: La crisis es culpa de todos, socialicemos su responsabilidad.

Pero parece que algo ha cambiado en nuestras mentes. Ya no les creemos a pies juntillas. Ahora sabemos que son mentirosos y ladrones de profesión, y la política es solo su tapadera. Antes de la crisis nos decían: "Si a los ricos les va bien, va goteando en la clase trabajadora y a todos nos va bien". ¿Se puede ser más sinvergüenza? Esta frase la he escuchado decir en multitud de ocasiones a personas trabajadoras con pocos recursos, es decir, lo habían conseguido, nos habían adoctrinado. Enhorabuena. ¿Cuál es la ley natural que establece que debe de haber una minoría de personas que dispongan de mucho para que la gran mayoría pueda vivir mínimamente? Los católicos quizá deberían de tener facilidad para entender esto: ¿Realmente Dios haría una especie de "ley natural" en la que esto fuera así, en la que hubiera algunos hombres súper poderosos que mandaran sobre el conjunto de la sociedad para que le gotearan al resto las sobras? ¿De verdad este es nuestro mejor mundo posible? Pues vaya basura. No entraremos en el debate ahora de si Dios existe –claro que no–, pero de existir seguro que las sociedades serían algo más justas.

Ya no queremos las migajas, queremos el pan completo. El fruto del trabajo no surge de un gran empresario, sino que es la clase trabajadora quien lo crea con su esfuerzo y sudor. Y esto es muy fácil de ver. Imaginad estas dos posibilidades y reflexionad cuál sería factible y cuál no:

- Una empresa de 200 trabajadores que fabrica sillas. Mueren repentinamente los 200 trabajadores y solo quedan los cargos directivos. ¿siguen fabricándose esas sillas? Difícilmente.

- La misma empresa con 200 trabajadores que fabrica sillas. Mueren los cargos directivos y quedan los 200 trabajadores. ¿Siguen fabricándose esas sillas? Sí, se llama cooperativa.

La conclusión es bien clara: los trabajadores son quienes crean la riqueza de un país, es decir, los bienes y servicios, mientras que los dueños de los medios de producción son solo eso, dueños que se enriquecen, totalmente prescindibles. El contraargumento que suele darse a esto es el típico de "la necesidad del carácter emprendedor", bla bla bla. Esto tiene dos dimensiones. Una es, evidentemente, distinguir entre grandes empresas y pequeños emprendedores o autónomos, por ser realidades totalmente distintas, y que llegado el momento merecería de un exhaustivo análisis, y otra son las falsas necesidades materiales que el sistema capitalista nos impone y que no necesitamos para lograr sociedades justas, igualitarias y avanzadas. ¿Por qué a los pocos meses de comprar una televisión de plasma, aparece otra con opción 3D? ¿O por qué cuando se estropea ni nos planteamos llamar a un técnico para que la repare –algo que sí se hacía hace no tantos años–, sino que directamente compramos otra? Pues es tan sencillo como entender la dinámica consumista irracional propia del capitalismo. ¿Qué pasaría si en lugar de dedicar tantos esfuerzos en fabricar toda esa morralla tecnológica, siempre desde empresas privadas –es decir, con un interés privado de obtener beneficios–, dedicásemos esa misma fuerza de trabajo en construir escuelas o cultivar alimentos? Pues finalmente es una cuestión de prioridades. ¿Preferimos tener lo último en tecnología, o ser personas cultas y sin necesidades alimenticias? No se trata de dejar de fabricar televisores, por supuesto que no, pero sí de reorganizar las prioridades en cuanto a necesidad humana para una sociedad igualitaria. El principal problema es que los actores del sistema capitalista no se plantean estas disyuntivas.

Pero volviendo al concepto inicial. Hagamos un enorme esfuerzo de abstracción e imaginemos que fuera cierto que la riqueza de unos poco beneficia al resto. Por un instante demos por veraz ese sinsentido. En democracia, donde se supone que todos somos iguales y tenemos los mismos derechos, ¿sería legítimo mantener una situación tan desigual entre seres humanos? La respuesta es no. Por coherencia con las leyes y los derechos que nos hemos dado, no sería justificable de ninguna de las maneras tal desigualdad social. La cuestión no es que tenga que gotearnos la fortuna de los ricos, como si fuera pura caridad, sino que toda esa riqueza sea repartida de forma equitativa en la sociedad. Ya basta del sueño americano que nos vendieron en las películas, aquel ciudadano que se forja a sí mismo, saliendo de la nada y creando un imperio a su alrededor. Eso sencillamente no existe, salvo casos muy contados –y habría que analizar los medios utilizados para ello–. No nacemos iguales, en tanto en cuanto la sociedad no nos brinda las mismas posibilidades a todos. Un bebé que nace en el seno de una familia pobre, en un barrio obrero, jamás tendrá las mismas oportunidades que un bebe nacido en una familia poderosa. El capitalismo desvirtúa nuestras democracias, porque no nacemos iguales, y las sociedades occidentales no se han encargado de corregir esos desajustes, más allá de parchearlos con el llamado Estado del bienestar europeo. Democracia y capitalismo son conceptos totalmente antagónicos. Por tanto, ¡huyamos del maldito sueño americano!

El dato cultureta: La industria de Hollywood no es únicamente una máquina de hacer dinero en su medio artístico, que también. Además supone una importante herramienta de exportación del modelo económico, político y social estadounidense. Es decir, se trata de un engranaje fundamental dentro de la maquinaria imperialista. Wall Disney sería un gran ejemplo de unificación cultural bajo los valores norteamericanos.

Respiremos, que me enrollo. Estaba diciendo que los ciudadanos hemos vivido por encima de nuestras posibilidades. Uno de los argumentos que arrojan contra nosotros es el gran endeudamiento que muchas familias han adquirido con los bancos. De nuevo estamos ante un claro adoctrinamiento que ha calado en mucha gente. Dicen que nadie nos obligó a endeudarnos con los bancos, que compramos casas demasiado grandes y caras que no podíamos pagar, que el banco tiene derecho a cobrar lo que se le debe, etc. Pobres e indefensos bancos. Pero a veces olvidamos dos temas importantes:

1. Como ya expliqué en el primer capítulo, el endeudamiento de las familias no es algo que haya sucedido ni por gusto ni por arte de magia. Es el resultado de un amplio proceso de muchos años en los que, de forma premeditada y programada, se ha ido disminuyendo el poder adquisitivo de las mal conocidas como clases medias. Esto provoca que para mantener nuestra calidad de vida cada vez tengamos que endeudarnos más. Por tanto, se trata de una

trampa que el propio sistema capitalista ha creado para que el sector bancario sea el gran beneficiado mientras nosotros nos íbamos empobreciendo sin ser conscientes de ello. Al llegar la crisis el crédito dejó de fluir, descubriéndose así todo el pastel. No es que ahora seamos pobres, sino que nunca hemos dejado de serlo. Vivíamos engañados, en una especie de *Mátrix* donde todo era perfecto e ideal sobre una capa de miseria y avaricia clasista.

2. Bajo el contexto explicado en el punto uno, se puede entender que nos hemos visto empujados por la propia inercia capitalista para tratar de mantener nuestra calidad de vida. Cabe señalar que el experto en finanzas y macroeconomía es el banco, no el ciudadano. Ellos son los que hacen sus estudios de viabilidad y nos piden nóminas, ingresos mínimos, abales, y casi hacer el pino puente. Tras todo ese papeleo, ellos, como expertos, corren el "riesgo" de prestar el dinero. Durante muchos años, y esto lo sabe bien la ciudadanía, estas entidades bancarias animaban a la gente a pedir un crédito por una cantidad mayor de la necesitada: "Venga, y esto para que renueves el coche". Llegaban incluso a enviar cartas a los domicilios de personas que no querían ni necesitaban crédito, ofreciendo todas las ventajas de su filantropía económica. Estos son los mismos que engañaban a personas mayores,

muchas de ellas sin estudios o directamente analfabetas, para meter sus pocos ahorros en preferentes y productos financieros de riesgo.

De nuevo, hemos vivido por encima de nuestras posibilidades, pero, ¿cuáles son esas posibilidades? Es decir, ¿qué nivel de vida merecemos para considerar que hemos estado por encima de ello? ¿Es para todos igual ese nivel? ¿Y quién dicta eso? Parece ser que existe un grupo de seres humanos privilegiados que merecen todo, mientras la inmensa mayoría debemos de conformarnos con sus migajas. No necesitamos una buena sanidad, ni poder darles un futuro a nuestros hijos, ni vivir en pisos de más de 50m2, ni poder viajar, ni disfrutar de la cultura, ni de la buena gastronomía, ni de, simplemente, poder quitar de nuestras cabezas la preocupación permanente por la supervivencia que nos permita realizarnos como hombres y mujeres libres. Resulta que si aspiramos a algo de lo que ellos ya poseen, es porque pretendemos vivir por encima de nuestras posibilidades. Pero el problema real es que salir de nuestra miseria se traduce en que ellos pierdan sus privilegios, y eso, amigo mío, no lo van a consentir. Pongamos un ejemplo que debería de resultar clarificador:

En una clase hay 30 niños, y disponemos de 30 piruletas. ¿Qué nos dice el sentido común? Una piruleta para cada niño, ¿verdad? Pero, ¿qué ocurriría si le damos 29 piruletas a uno de los niños, y la piruleta restante la repartimos entre los otro 29? Bien, pues esto es el capitalismo, ni más ni menos. Con la única diferencia de que los niños se darían cuenta de la injusticia y protestarían, quizá porque no andan tan intoxicados como los adultos. Si esto lo llevamos al ámbito macroeconómico, es exactamente lo que sucede, incluso en proporciones mucho más obscenas. Repartir una piruleta a cada niño sería el equivalente a una economía socialista –anticapitalista, nada que ver con el PSOE–, y quiero creer que ante este ejemplo tan sencillo todos optaríamos por dicha opción. ¿Qué demuestra esto? Ni más ni menos que todos, absolutamente todos, entendemos instintivamente la lógica del socialismo como la más justa, la más humana, e incluso la defendemos, la adoptamos como propia; pero en cuanto la llevamos al ámbito macroeconómico, en algún momento perdemos la fuerza, la orientación, todo se difumina, y nos dejamos llevar por las corrientes inmovilistas de un capitalismo que nos reparte sus restos de trozos de piruleta. Nacemos siendo socialistas, por esencia, porque el ser humano es libre y justo al nacer, antes de corromperse. Pero quizá aún no sabemos –o no queremos– despojarnos de los dogmas establecidos. El ser humano todavía no ha alcanzado, como especie, el grado de madurez intelectual necesaria para poder llegar a dicha conclusión colectiva, y en ello tiene mucho que ver el fuerte adoctrinamiento bajo el cual vivimos.

Ya no pueden, como norma general, someternos por la fuerza, mediante la violencia. Eso quedó en el pasado, al menos en Europa. Ahora la violencia se ejerce de maneras más sutiles, aunque quizá con mayor eficacia que antes. La lucha ya no está en las porras de sus fuerzas de seguridad –aunque continúan haciéndolo en cuanto es necesario–, sino que se ha trasladado al discurso, a las palabras. Pero no al debate abierto y libre, que de ser así estaríamos de enhorabuena, sino que se trata de un David contra Goliat. Luchamos contra un discurso implantado a todos los niveles, desde la más temprana edad en el colegio, pasando por los programas televisivos o las vallas publicitarias de las carreteras. Podríamos considerarlo una especie de síndrome de Estocolmo colectivo a un nivel que ni ellos mismos hubieran imaginado nunca conseguir. Tendemos a empatizar con gente que bien poco ha hecho por nosotros. Un ejemplo: tras la muerte de Fraga todas las voces al unísono dieron el pésame para después etiquetarlo como padre de la transición y la democracia. Pocos se acordaban ya de aquel Fraga franquista que decía que la calle era suya y que justificaba sentencias de muerte. Qué tan cierto aquello de que olvidar la historia es estar condenado a repetirla.

En el antiguo pueblo israelita existía el esclavismo. Era otra forma de crear clases entre los seres humanos. En este caso, los que merecían ser ciudadanos y los que no. Pero existía una ley que permitía a los esclavos, tras siete años de servidumbre, conseguir su libertad. No era nada extraño que tras estos años el esclavo tomara la decisión de renegar de su libertad y continuar sirviendo a su amo, tras lo que se le hacía un pendiente en la oreja como símbolo de renuncia a ese "derecho". Incuestionablemente esta decisión era producto del temor del esclavo a enfrentarse a la vida en una sociedad que, evidentemente, no le ofrecía ninguna garantía para su desarrollo humano en plena libertad. Espero que se vea el paralelismo que trato de hacer con nuestro querido mundo occidental actual. La libertad es un concepto tan poderoso que da miedo, y más cuando no se ejerce en un contexto social adecuado para su pleno desarrollo. En aquella época el esclavismo se consideraba algo normal de la vida diaria y estaba establecido socialmente mediante normas y leyes. Nadie, o muy poca gente, se escandalizaba de ello. En la actualidad nuestra esclavitud ya no es de grilletes, pero es. Es un sistema que, al igual que le sucedía a aquel esclavo, no nos permite desarrollarnos como seres humanos libres y dignos. Es un tipo de esclavismo camuflado, más difícil de identificar, y por tanto de combatir. ¿Cuánta gente se ha sentido alguna vez atada a su trabajo –o a la ausencia de él–, a su hipoteca, a sus deudas, o a su estilo de vida? Somos incapaces de detectar el origen de nuestra infelicidad, porque tendemos a culparnos por ello, sin analizar los factores externos que impiden nuestro correcto desarrollo emocional. Y no es enemigo pequeño. Son gigantes molinos de viento, casi invencibles, que nos enferman y nos conducen a la locura. Pero el primer paso siempre es despertar. No tomemos ejemplo de aquel esclavo; no temamos a la libertad.

Elijamos bien el color de la pastilla.

ES HORA DE SALIR DE MATRIX.

F. Ronin

FUENTES

"Desinformación. Cómo los medios ocultan el mundo", de Pascual Serrano. Editorial Península.

http://www.oxfamintermon.org/es/que-hacemos/proyectos/desigualdad/tenerlo-todo-querer-mas

http://www.vnavarro.org/?p=9263

http://www.rebelion.org/noticia.php?id=11936
1

"Sobre el Anarquismo", de Noam Chomsky. Editorial Laetoli.

"El capital", de Karl Marx. Editorial Iberlibro.

http://elpais.com/elpais/2013/12/31/masterde
periodismo/1386789937_226264.html

http://www.elmundo.es/espana/2013/11/26/5
294856861fd3d443b8b4587.html

http://www.elmundo.es/mundodinero/2010/1
2/03/economia/1291375098.html

http://www.elmundo.es/mundodinero/2010/0
9/09/economia/1284042795.html

http://economia.elpais.com/economia/2015/04
/15/actualidad/1429093651_897117.html

http://politica.elpais.com/politica/2011/11/16/
actualidad/1321476670_720434.html

http://www.lasprovincias.es/comunitat/201502/13/generalitat-devuelve-millones-copago-20150213160548.html

http://www.elperiodico.com/es/noticias/sociedad/rajoy-recorta-las-pensiones-por-segunda-vez-2263242

http://www.publico.es/actualidad/espana-viola-derecho-salud-inmigrantes.html

http://www.elmundo.es/internacional/2014/05/21/537cf6fde2704e3f098b4586.html

http://www.elplural.com/2014/07/16/nueva-andanada-xenofoba-del-pp-el-alcalde-de-vitoria-acusa-a-los-inmigrantes-de-querer-vivir-del-cuento/

http://www.lavanguardia.com/local/barcelones-nord/20150107/54423089993/albiol-revoluciona-twitter-comentarios-racistas-paris.html

http://www.lacronicadelpajarito.es/politica/pp-asciende-congreso-a-un-diputado-xenofobo-chulesco-y-fanfarron

http://www.teinteresa.es/salud/origen-ebola-virus-letal-Africa_0_1168685080.html

http://www.publico.es/internacional/jean-marie-le-pen-ebola.html

http://www.abc.es/sociedad/20140820/abci-cura-virus-marburgo-201408201707.html

http://www.publico.es/espana/oms-advierte-gallardon-restringir-aborto.html

http://elpais.com/elpais/2013/12/18/media/1387384587_836262.html

http://www.rtve.es/noticias/20150218/leyes-del-aborto-espana-ley-supuestos-1985-plazos-2010/828240.shtml

http://www.elperiodico.com/es/noticias/politica/gallardon-alardea-que-contrarreforma-del-aborto-progresista-que-tocara-que-tendria-hijo-con-malformaciones-graves-2960489

http://elpais.com/especiales/2014/dia-de-la-mujer/

http://www.publico.es/espana/mitad-abortos-mundo-son-inseguros.html

http://madrid.cnt.es/pedagogia_libertaria/indice.php

http://www.lahaine.org/pensamiento/porque_libertaria.htm

https://www.youtube.com/watch?v=I0BAAL7--8E

https://www.youtube.com/watch?v=Z04bUWP5wiQ

http://www.eldiario.es/politica/Guia-Ley-Seguridad-Ciudadana-PP_0_337717086.html

http://verne.elpais.com/verne/2014/12/11/articul

o/1418319600_641095.html

http://www.elperiodico.com/es/noticias/politica/c
osas-que-penaliza-ley-mordaza-3766931

http://www.elmundo.es/espana/2015/03/26/5514
51a6268e3e9d5a8b4571.html?cid=SMBOSO25
301&s_kw=facebook

http://www.levante-emv.com/comunitat-
valenciana/2013/06/19/pp-dice-valenciano-
viene-siglo-vi-cristo-exige-rae-revise-
definicion/1008633.html

https://fonsesquerra.wordpress.com/2012/05/
09/20-portades-infames-de-la-razon/

http://datos.bancomundial.org/indicador/SI.PO
V.NAHC/countries/VE?display=graph

http://www.nodo50.org/gpm/venezuela/10.ht
m

http://www.eldiario.es/lacrispacion/portadas_6
_132696763.html

http://politica.elpais.com/politica/2011/09/26/
actualidad/1317066995_627976.html

http://www.abc.es/20111016/espana/abci-
aznar-indignados-201110161350.html